El Arte de la ORACIÓN

Kenneth E. Hagin

Todas las escrituras citadas en este libro, a no ser que sea de otra manera indicado, son de la Biblia de Casiodoro de Reina — Revisión de 1960.

Primera Impresión 1998

ISBN 0-89276-138-5

English Title: The Art of Prayer

En los Estados Unidos
escriba a:
Kenneth Hagin Ministries
P. O. Box 50126
Tulsa, OK 74150-0126

En el Canadá escriba a:
Kenneth Hagin Ministries
P. O. Box 335, Station D
Etobicoke (Toronto), Ontario
Canada, M9A 4X3

Contenido

Prefacio

Todos nosotros estamos creciendo continuamente en nuestro conocimiento de Dios y en nuestra comprensión de su Palabra. Desde que este libro salió al público por primera vez con el título El Arte De La Intercesión, mi estudio de la Palabra de Dios ha producido un entendimiento nuevo en el área de la oración. Debido a la comprensión que se obtuvo en lo que se relaciona con las oraciones de intercesión y de súplica, sentí que ya no era apropiado el nombre de este libro, El Arte de la Intercesión. Ésta es sólo un tipo de oración. En realidad, la súplica cubre un espectro más amplio de oración que la intercesión, pero el alcance de este libro involucra aún mucho más que sólo estas dos clases de oración. Por este motivo, pedí a nuestros editores cambiar el título por El Arte de la Oración. Esta versión reeditada refleja algo de la luz adicional que he recibido en los últimos años. Mi deseo es que este libro estimule a los creyentes para que se comprometan a orar de modo que el propósito de Dios se pueda consumar en la tierra.

Reconocimientos

El Reverendo Wilford H. Reidt, de Kennewick, Washington, era un maestro bíblico sobresaliente. La esposa de Wilford, Gertrude, fue la hija de John G. Lake, apóstol de fe muy conocido de los primeros días del presente siglo. Los Reidt fueron grandemente usados por Dios durante muchos años en el área de la oración, antes que ambos partieran hacia el hogar celestial, para estar con el Señor.

Las enseñanzas de Wilford sobre el tema de la oración revelan un profundo conocimiento que sólo pudo haber sido adquirido por años de experiencia en la oración. Quedé tan impresionado con su bosquejo de estudio y sus comentarios sobre el tema, que le solicité permiso para usar sus materiales en este libro para la gloria de Dios.

Creemos que Dios usará este libro para levantar y entrenar un gran número de personas que sepan como orar y que estarán en la vanguardia de la obra del Señor en estos últimos días. El hermano Reidt me dio la autorización para usar su material y sus notas aparecen por todo el libro en una impresión reconocible.

Capítulo 1
¿Por qué orar?

Hace años leí una declaración que hizo John Wesley, la cual permaneció conmigo. Wesley afirmó: "Parece que Dios está limitado por nuestra vida de oración – que Él no puede hacer nada por la humanidad, a menos que alguien se lo pida".

Un poco más tarde, en 1949, estaba leyendo otro autor que hizo esa misma declaración. Pero este amigo agregó: "Por qué es así, no lo sé".

Pregunté: "¿Por qué no lo sabe?". Luego encontré que yo tampoco lo sabía.

Pero si la declaración de Wesley es correcta y parece serlo a medida que se lee la Biblia – entonces los que tenemos que orar deberíamos saber más sobre eso.

Comencé a examinar la Biblia para averiguar por qué, si Dios quiere hacer algo a favor de la humanidad, no puede a menos que alguien se lo pida. Encontré la respuesta por medio del estudio de la Palabra de Dios.

Usted ve, que aunque algunos han construido "castillos espirituales en el aire" Acerca de que Dios está a cargo de todo en este mundo, Él no lo está.

Durante la guerra de Vietnam un columnista sindicado nacionalmente, al comenzar una columna, falta espacio afirmó que él no era Cristiano. Dijo que tampoco era ateo, porque el ateo dice que no hay Dios.

"Supongo que ustedes me clasificarán como agnóstico", escribió. "El agnóstico dice que puede haber un Dios, pero si lo hay, no lo sé. En realidad, estoy inclinado a creer que hay un Ser Supremo. No creo que todo aquí sucedió espontáneamente. Creo que en alguna parte hay un Creador".

"Pero nunca he leído la Biblia. No asisto a la iglesia. Una razón para no hacerlo, es que lo que los Cristianos dicen acerca de Dios, no está de acuerdo con lo que yo pienso que debe ser un Creador, ni con lo que yo puedo ver de Él en la naturaleza".

"Inclusive los ministros dicen: 'Dios tiene todo bajo su control. Él está dirigiendo todo' ".

"Bueno, si lo está dirigiendo, seguro que tiene las cosas en desorden. Las personas se están matando entre sí; los niñitos están muriendo; los niños tienen hambre, las mujeres sufren, hay guerras por todas partes".

Si Dios tiene todo bajo control, ¿Quiere eso decir que Dios dirige esas guerras?".

Hasta un columnista no nacido de nuevo sabía que eso no era correcto.

Dios no gobierna este mundo. No gobierna en la tierra.

¡Gracias a Dios, lo hará algún día!

Pero ahora mismo Su voluntad no se lleva a cabo en la tierra, excepto en las vidas de aquellos que se rinden a El.

Eso es muy fácil verlo, si usted acepta lo que la Biblia dice. La Biblia afirma que Dios no desea que ninguno perezca, sino que todos procedan al arrepentimiento (2 Pedro 3:9). Es obvio que Su voluntad no se cumple, en referencia a la salvación de todos los hombres.

Cuando las personas aceptan al Señor Jesucristo como su Salvador, sí se cumple en sus vidas. Pero si Dios dirigiera todas las cosas y empujara a la gente a hacer su voluntad, ya que Él no quiere que nadie perezca, haría que todos se salvaran hoy y entraríamos en el Milenio mañana.

A medida que examinaba la Palabra de Dios y buscaba el "por qué" tras la afirmación de John Wesley, vi una verdad que no había visto antes, aunque había estado en el ministerio por muchos años.

Cuando pregunté al Señor sobre esto, Él me dijo: "Vuelve al Libro de los Comienzos".

Supe que quería decir el Libro del Génesis. Lo volví a leer. Lo había leído muchas veces; me lo enseñaron cuando era niño en la Escuela Dominical. Pero esta vez lo vi con una luz diferente.

Vi que Dios hizo el mundo y su plenitud. Hizo a Su hombre, Adán.

Luego dijo: "Adán, te doy dominio sobre todas las obras de mis manos" (Gn. 1:26-27; Sal. 8:6).

Dios no le dijo: "Voy a dominar por medio de ti".

Le Dijo: "Te doy dominio sobre todas las obras de mis manos". Por tanto, Adán tuvo todo dominio sobre esta tierra y este mundo. Originalmente, y en un sentido era el dios de este mundo.

Pero Satanás vino y engañó a Adán. Adán cometió alta traición y le entregó todo a Satanás. Luego Satanás se convirtió en el dios de este mundo.

Segunda a los Corintios 4:4 llama a Satanás "el dios de este mundo". Como tal, tiene dominio. ¿Dónde? En este mundo.

Tendrá ese dominio y será el dios de este mundo, hasta que el arrendamiento de Adán se termine.

Legal y justamente Dios no puede trastearse acá y quitar ese dominio de las manos del diablo. El diablo tiene dominio aquí. Tiene un derecho legal porque tiene el arrendamiento de Adán. Y Dios no puede hacer nada, a menos que alguien aquí se lo pida.

Capítulo 2
Diversas clases de oración

Orando en todo tiempo con toda oración y súplica en el Espíritu, y velando en ello con toda perseverancia y súplica por todos los santos.

– Efesios 6:18

Nótese que dice: "Orando (...) con toda oración (...)".

La versión Amplificada dice: "Ore (...) con TODA [FORMA de] oración (...)".

En otra versión se lee así: "Orando con TODAS LAS CLASES de oración (...)".

Pero la versión que en realidad trae una nota en mi propio espíritu es la de Goodspeed. Dice: "Use TODA CLASE de oración y de súplica, y en cada oportunidad ore en el Espíritu (...)". La Biblia enseña varias clases de oración – y las diferentes reglas que las gobiernan.

La Iglesia mundial comete un error al no diferenciar entre esas distintas categorías de oración. Simplemente, colocamos todas las oraciones en el mismo saco y las sacudimos todas juntas. Muchas oraciones no están obrando porque las personas están usando las reglas y leyes incorrectas.

Por ejemplo, en el campo de los deportes hay baloncesto, fútbol, béisbol, golf, tenis, etc. Estos son deportes de todas las clases – pero no se juegan con las mismas reglas.

¿No sería confuso jugar un partido de béisbol con las reglas del fútbol, o viceversa?

La razón por la que la gente está confusa y tiene problemas en la oración, es que tienen sus reglas y leyes revueltas. Toman las reglas que gobiernan una clase de oración y tratan de aplicarlas a otras clases de oración.

Hablando ilustrativamente, supuestamente toman las reglas de fútbol, béisbol, baloncesto, golf y tenis obrando todas juntas. Están confundidos. Y así es su vida de oración.

Una interpretación incorrecta común que las personas tienen, es que piensan que deben concluir toda oración con las palabras: "...si es Tu voluntad". Dicen que así es como oró Jesús. Sin embargo, Jesús oró de esta manera sólo en una oportunidad que está registrada en la Escritura. Eso fue en el huerto de Getsemaní cuando hizo la oración de consagración.

Cuando intentan hacer la oración de fe (la oración de petición, la oración para cambiar las cosas), concluyen con "si es Tu voluntad". Y su oración es obstaculizada, porque no tienen seguridad de Su voluntad – Su Palabra.

Pueden decir: "No entiendo por qué no obra". Eso sería como decir en un juego de fútbol: "No entiendo por qué nadie hace un home-run".

No se confundan; ¡vayan al libro de las reglas! Vayan a la Biblia y vean cómo orar.

Registraré aquí varias clases de oraciones que la Biblia enseña. Sin embargo, no puedo entrar en detalle sobre todas ellas en este libro (tengo libros sobre oración que tratan con ellas en más detalle).

**La Oración de Fe:* la oración de petición, la oración para cambiar las cosas (Mt. 21:22; Mr. 11:24). Esta oración, siempre debe estar basada en la voluntad de Dios revelada en Su Palabra, nunca contiene un "si es tu voluntad".

**La Oración de Consagración:* la oración de consagración y dedicación de nuestras vidas al servicio de Dios, – para ir a cualquier parte y hacer cualquier cosa. En esta oración oramos: "si es tu voluntad" (Lucas 22:42).

**La Oración de Entrega:* echando todas las ansiedades sobre el Señor en nuestra oración (1 Pedro 5:7).

**La Oración de Adoración:* (Lucas 24:52,53; Hechos 13:1-4).

**La Oración de Acuerdo:* (Mateo 18:18-20).

**La Oración en el Espíritu:* orar en lenguas (1 Co. 14:14-15).

**La Oración Unida:* (Hechos 4:23-31).

**La Oración de Súplica.*

**La Oración Intercesora.*

Los últimos dos tipos de oración se tratarán prioritariamente en los siguientes dos capítulos.

(Para enseñanza adicional sobre los diferentes tipos de oración, favor consultar el libro del Hermano Hagin: La oración que prevalece).

Capítulo 3
Definición de la súplica

La naturaleza de la súplica es mucho más sentida del corazón que una petición casual. La palabra súplica significa un ruego o pedido humilde y serio. Si una petición no es hecha de una manera sentida, ferviente y profunda, no sería súplica.

¿Por Quién Se Puede Suplicar?

Primero, hacemos la oración de súplica por nosotros mismos en relación con las necesidades naturales y espirituales.

FILIPENSES 4:6
6 Por nada estéis afanosos, sino sean conocidas vuestras peticiones delante de Dios en toda oración y RUEGO, con acción de gracias.

Segundo, hacemos la oración de súplica por el pueblo de Dios – por los creyentes o por todos los santos.

EFESIOS 6:18
18 orando en todo tiempo con toda oración y SUPLICA en el Espíritu, y velando en ello con toda

perseverancia y SUPLICA por TODOS LOS SANTOS .

Tercero, debemos hacer la oración de súplica por todos los hombres y por aquellos que están en autoridad. Esto también incluye a los inconversos.

1 TIMOTEO 2:1,2
1 Exhorto ante todo, a que se hagan ROGATIVAS, oraciones, peticiones y acciones de gracias, por TODOS LOS HOMBRES;
2 por los reyes y por todos los que están en eminencia, para que vivamos quieta y reposadamente en toda piedad y honestidad.

¿Por Qué Cosas Se Puede Suplicar?

Una de las cosas por las que se puede suplicar es por obreros para que sean enviados a la cosecha de Dios.

MATEO 9:37,38
37 Entonces dijo a sus discípulos: A la verdad la mies es mucha, mas los obreros pocos.
38 ROGAD, pues, al Señor de la mies, que envíe obreros a su mies.

La palabra traducida como rogad en el versículo 38 implica la idea de una solicitud urgente y necesaria presentada con fervor y anhelo.

La súplica también se puede hacer para que la lluvia del Espíritu de Dios sea derramada sobre la tierra.

ZACARIAS 10:1
1 PEDID a Jehová lluvia en la estación tardía. Jehová hará relámpagos, y os dará lluvia abundante, y hierba verde en el campo a cada uno.

La palabra traducida como "pedir" en este versículo significa anhelar, rogar ardientemente y requerir.

SANTIAGO 5:7,16-18
7 Por tanto, hermanos, tened paciencia hasta la venida del Señor. Mirad cómo el labrador espera el precioso fruto de la tierra, aguardando con paciencia hasta que reciba la lluvia temprana y la tardía . . . .
16 Confesaos vuestras ofensas unos a otros, y orad unos por otros, para que seáis sanados. La oración eficaz del justo puede mucho.
17 Elías era hombre sujeto a pasiones semejantes a las nuestras, y oró fervientemente para que no lloviese, y no llovió sobre la tierra por tres años y seis meses.
18 Y otra vez oró, y el cielo dio lluvia, y la tierra produjo su fruto.

SANTIAGO 5:16 (*Amplificada*)
16 Por tanto, confiésense unos a otros sus faltas, sus resbalones, sus pasos en falso, sus tropiezos,

sus ofensas, sus pecados; y [también] oren unos por otros, para que puedan ser sanados y restaurados – a un tono espiritual de la mente y del corazón. La oración ardiente (fervorosa, contínua) de un justo, hace disponible un tremendo poder – dinámico en su obrar.

Observe las características de la súplica en estos pasajes – es ardiente, fervorosa, que sale del corazón, y contínua. Una oración como esa, ¡hace disponible un tremendo poder!

También podemos ofrecer la oración de súplica para alcanzar perdón.

DANIEL 9:2,3,17,18
2 en el año primero de su reinado, yo Daniel miré atentamente en los libros el número de los años de que habló Jehová al profeta Jeremías, que habían de cumplirse las desolaciones de Jerusalén en setenta años.
3 Y volví mi rostro a Dios el Señor, buscándole en oración y RUEGO, en ayuno, cilicio y ceniza . . . .
17 Ahora pues, Dios nuestro, oye la oración de tu siervo, y sus RUEGOS; y haz que tu rostro resplandezca sobre tu santuario asolado, por amor del Señor.
18 Inclina, oh Dios mío, tu oído, y oye; abre tus ojos y mira nuestras desolaciones, y la ciudad sobre la cual es invocado tu nombre; porque no elevamos nuestros RUEGOS ante ti confiados en nuestras justicias, sino en tus muchas misericordias.

Aquí vemos cómo Daniel seriamente confiesa sus propios pecados y las transgresiones de su pueblo. El arrepentimiento y la confesión de sus pecados se pueden hacer por medio de la oración de súplica.

Por último, hacemos la oración de súplica para levantar las necesidades espirituales de los demás. Las palabras "oración" u "orar" en los versículos siguientes, literalmente significan súplica u oración ferviente.

EFESIOS 1:16
16 no ceso de dar gracias por vosotros, haciendo memoria de vosotros en mis ORACIONES.

FILIPENSES 1:9
9 Y esto pido en ORACIÓN, que vuestro amor abunde aún más y más en ciencia y en todo conocimiento.

COLOSENSES 1:9
9 Por lo cual también nosotros, desde el día que lo oímos, no cesamos de ORAR por vosotros, y de pedir que seáis llenos del conocimiento de su voluntad en toda sabiduría e inteligencia espiritual.

COLOSENSES 4:12
12 Os saluda Epafras, el cual es uno de vosotros, siervo de Cristo, siempre rogando encarecidamente por vosotros en sus ORACIONES, para que estéis firmes, perfectos y completos en todo lo que Dios quiere.

En estas oraciones que Pablo oró y registró en las epístolas, él estaba haciendo referencia a la súplica.

Capítulo 4
Definición de la intercesión

El propósito de definir la intercesión o cualquier otro tipo de oración no es el de limitar o confinar ésta a un juego de reglas y regulaciones, sino el de dar una mejor comprensión de lo que la Biblia enseña sobre cada tipo de oración. Equipado con tal conocimiento, el creyente puede cooperar más plenamente con el Espíritu Santo, porque el Espíritu Santo siempre obra conjuntamente con la Palabra.

Muchas personas han perdido el verdadero espíritu de la oración por haberse vuelto legalistas y mecánicas en sus oraciones. Es más importante reconocer y aprender a fluir con el Espíritu Santo en oración que simplemente saber la terminología correcta de la oración.

Durante mucho tiempo, casi toda oración era llamada "intercesión", o se pensaba que la intercesión era la única clase efectiva de oración. Pero en realidad, la más efectiva es la que el propio Espíritu Santo inspira cuando se necesita en el momento – ya sea la oración de acuerdo, la oración de fe, la oración de alabanza y adoración o algún otro tipo de oración. Con cierta frecuencia las diversas clases de oración obrarán juntas, en forma muy semejante a como lo hacen los dedos de una mano. Por ejemplo, la súplica, que es un ruego ardiente, hecha con el corazón, se utiliza en la intercesión.

Para definir brevemente, la intercesión es ponerse en la brecha en oración, entre una persona o personas, que han provocado sobre sí mismas el juicio mediante su maldad, y la ejecución efectiva de ese juicio. O para usar términos más simples, la intercesión es una oración para refrenar el juicio. Para que sea efectiva y eficaz, la intercesión necesita ser hecha al impulso y bajo la dirección del Espíritu Santo.

Para que podamos entender mejor la intercesión, examinemos en las Escrituras algunos ejemplos en que se hizo intercesión.

GENESIS 18:16-33
16 Y los varones se levantaron de allí, y miraron hacia Sodoma; y Abraham iba con ellos acompañándolos.
17 Y Jehová dijo: ¿Encubriré yo a Abraham lo que voy a hacer,
18 habiendo de ser Abraham una nación grande y fuerte, y habiendo de ser benditas en él todas las naciones de la tierra?
19 Porque yo sé que mandará a sus hijos y a su casa después de sí, que guarden el camino de Jehová, haciendo justicia y juicio, para que haga venir

Jehová sobre Abraham lo que ha hablado acerca de él.
20 Entonces Jehová le dijo: Por cuanto el clamor contra Sodoma y Gomorra se aumenta más y más, y el pecado de ellos se ha agravado en extremo,
21 descenderé ahora, y veré si han consumado su obra según el clamor que ha venido hasta mí; y si no, lo sabré.
22 Y se apartaron de allí los varones, y fueron hacia Sodoma; pero Abraham estaba aún delante de Jehová.
23 Y se acercó Abraham y dijo: ¿Destruirás también al justo con el impío?
24 Quizá haya cincuenta justos dentro de la ciudad; ¿destruirás también y no perdonarás al lugar por amor a los cincuenta justos que están dentro de él?
25 Lejos de ti el hacer tal, que hagas morir al justo con el impío, y que sea el justo tratado como el impío; nunca tal hagas. El Juez de toda la tierra, ¿no ha de hacer lo que es justo?
26 Entonces respondió Jehová: Si hallare en Sodoma cincuenta justos dentro de la ciudad, perdonaré a todo este lugar por amor a ellos.
27 Y Abraham replicó y dijo: He aquí ahora que he comenzado a hablar a mi Señor, aunque soy polvo y ceniza.
28 Quizá faltarán de cincuenta justos cinco; ¿destruirás por aquellos cinco toda la ciudad? Y dijo: No la destruiré, si hallare allí cuarenta y cinco.
29 Y volvió a hablarle y dijo: Quizá se hallarán allí cuarenta. Y respondió: No lo haré por amor a los cuarenta.
30 Y dijo: No se enoje ahora mi Señor, si hablare: quizá se hallarán allí treinta. Y respondió: No lo haré si hallare allí treinta.

31 Y dijo: He aquí ahora que he emprendido el
hablar a mi Señor: quizá se hallarán allí veinte. No
la destruiré, respondió, por amor a los veinte.
32 Y volvió a decir: No se enoje ahora mi Señor, si
hablare solamente una vez: quizá se hallarán allí
diez. No la destruiré, respondió, por amor a los diez.
33 Y Jehová se fue, luego que acabó de hablar a
Abraham; y Abraham volvió a su lugar.

La oración de Abraham por Sodoma y Gomorra es un claro ejemplo de la oración de intercesión. Hay una cosa importante que necesitamos notar en este relato bíblico. En los versículos 20 y 21 Dios menciona un clamor que se levantó contra Sodoma y Gomorra.

Smith Wigglesworth dijo una vez que hay algo sobre la fe que hará que Dios deje de lado a un millón de personas sólo para llegar a aquella que esté en fe. Usted ve, el clamor de fe traerá a Dios a la escena. El clamor de fe invoca una bendición. La palabra "invocar" significa traer a la existencia, poner en operación, o causar que suceda.

Pero el pecado también llama la atención de Dios y lo hace entrar en escena. En lugar de invocar a Dios, el pecado provoca a Dios. Aquí el término "provocar" significa incitar a la cólera, traer a la existencia, hacer que ocurra, agitar a propósito. El pecado provoca a Dios y le hace entrar en ira y juicio.

Una y otra vez en las Escrituras leemos dónde Israel provocó la ira de Dios, y el juicio vino. Dios no se deleita en ver al pueblo recibir juicio. De acuerdo con Miqueas 7:18, Dios se deleita en la misericordia.

MIQUEAS 7:18
18 ¿Qué Dios como tú, que perdona la maldad, y olvida el pecado del remanente de su heredad? No retuvo para siempre su enojo, porque se deleita en misericordia.

EZEQUIEL 33:11
11 Diles: Vivo yo, dice Jehová el Señor, que no quiero la muerte del impío, sino que se vuelva el impío de su camino, y que viva. Volveos, volveos de vuestros malos caminos; ¿por qué moriréis, oh casa de Israel?

Sin embargo, si aquellos que han pecado y provocaron el juicio sobre sí mismos, no se vuelven y se arrepienten, la única esperanza para evitar el juicio consiste en que alguien se ponga en la brecha en lugar de ellos y que haga intercesión.

EZEQUIEL 22:30,31
30 Y busqué entre ellos hombre que hiciese vallado y que se pusiese en la brecha delante de mí, a favor de la tierra, para que yo no la destruyese; y no lo hallé.

31 Por tanto, derramé sobre ellos mi ira; con el ardor de mi ira los consumí; hice volver el camino de ellos sobre su propia cabeza, dice Jehová el Señor.

En estos versículos podemos ver cómo Dios mismo buscó que alguien se pusiera en la brecha a favor de la tierra. Y cuando nadie fue hallado, el juicio se derramó. Es importante notar cuál era la voluntad de Dios en este aspecto. La voluntad de Dios era que alguien se pusiese en la brecha para que la tierra no fuese destruida. Necesitamos equiparnos con una comprensión de la voluntad de Dios cuando vamos ante El para interceder en favor de otros. Lo más alto y mejor de Dios consiste en que la gente se vuelva a El y viva.

Segunda de Pedro 3:9 además refuerza la voluntad de Dios respecto a todos los hombres.

2 PEDRO 3:9
9 El Señor no retarda su promesa, como algunos la tienen por tardanza, sino que es paciente para con nosotros, no queriendo que ninguno perezca, sino que todos procedan al arrepentimiento.

Hubo dos ocasiones en que Moisés tuvo que ponerse en la brecha, o interceder por los hijos de Israel que habían provocado a Dios con su idolatría y su pecado.

NUMEROS 14:11-19
11 y Jehová dijo a Moisés: ¿Hasta cuándo me ha
de irritar este pueblo? ¿Hasta cuándo no me
creerán, con todas las señales que he hecho en
medio de ellos?
12 Yo los heriré de mortandad y los destruiré, y a
ti te pondré sobre gente más grande y más fuerte
que ellos.
13 Pero Moisés respondió a Jehová: Lo oirán
luego los egipcios, porque de en medio de ellos
sacaste a este pueblo con tu poder;
14 y lo dirán a los habitantes de esta tierra, los
cuales han oído que tú, oh Jehová, estabas en
medio de este pueblo, que cara a cara aparecías tú,
oh Jehová, y que tu nube estaba sobre ellos, y que
de día ibas delante de ellos en columna de nube, y
de noche en columna de fuego;
15 y que has hecho morir a este pueblo como un
solo hombre; y las gentes que hubieren oído tu
fama hablarán, diciendo:
16 Por cuanto no pudo Jehová meter este pueblo
en la tierra de la cual les había jurado, los mató en
el desierto.
17 Ahora, pues, yo te ruego que sea magnificado el
poder del Señor, como lo hablaste, diciendo:
18 Jehová, tardo para la ira y grande en misericordia, que perdona la iniquidad y la rebelión,
aunque de ningún modo tendrá por inocente al
culpable; que visita la maldad de los padres sobre
los hijos hasta los terceros y hasta los cuartos.
19 Perdona ahora la iniquidad de este pueblo
según la grandeza de tu misericordia, y como has
perdonado a este pueblo desde Egipto hasta aquí.

EXODO 32:7-14
7 Entonces Jehová dijo a Moisés: Anda,
desciende, porque tu pueblo que sacaste de la
tierra de Egipto se ha corrompido.
8 Pronto se han apartado del camino que yo les
mandé; se han hecho un becerro de fundición, y lo
han adorado, y le han ofrecido sacrificios, y han
dicho: Israel, estos son tus dioses, que te sacaron
de la tierra de Egipto.
9 Dijo más Jehová a Moisés: Yo he visto a este
pueblo, que por cierto es pueblo de dura cerviz.
10 Ahora, pues, déjame que se encienda mi ira en
ellos, y los consuma; y de ti yo haré una nación
grande.
11 Entonces Moisés oró en presencia de Jehová su
Dios, y dijo: Oh Jehová, ¿por qué se encenderá tu
furor contra tu pueblo, que tú sacaste de la tierra
de Egipto con gran poder y con mano fuerte?
12 ¿Por qué han de hablar los egipcios, diciendo:
Para mal los sacó, para matarlos en los montes, y
para raerlos de sobre la faz de la tierra? Vuélvete
del ardor de tu ira, y arrepiéntete de este mal con-
tra tu pueblo.
13 Acuérdate de Abraham, de Isaac y de Israel tus
siervos, a los cuales has jurado por ti mismo, y les
has dicho: Yo multiplicaré vuestra descendencia
como las estrellas del cielo; y daré a vuestra
descendencia toda esta tierra de que he hablado, y
la tomarán por heredad para siempre.
14 Entonces Jehová se arrepintió del mal que dijo
que había de hacer a su pueblo.

El salmo 106 da una comprensión adicional de la importancia de las oraciones intercesoras de

Moisés para retener el juicio a los hijos de Israel. Note especialmente el versículo 23:

SALMO 106:23
23 Y trató de destruirlos, de no haberse interpuesto Moisés su escogido delante de él, a fin de apartar su indignación para que no los destruyese.

Podemos ver, de este versículo, que si Moisés no se hubiese puesto en la brecha en favor de Israel, seguramente habría sido destruido en juicio.

Sin embargo, el ejemplo más precioso y sobresaliente de un intercesor es nuestro Señor Jesús quien se puso en la brecha por nosotros y quien ahora intercede por nosotros a la diestra del Padre. En los dos capítulos siguientes estudiaremos el papel intercesor de Cristo a favor nuestro.

Capítulo 5
La necesidad del hombre de un intercesor

Porque no es hombre como yo, para que yo le responda, y vengamos juntamente a juicio. No hay entre nosotros árbitro que ponga su mano sobre nosotros dos.

– Job 9:32,33

Una referencia dice: "uno que aboga o discute". En otras palabras, no hay nadie que discuta el caso a favor de ambos lados.

La siguiente versión, es clara:

JOB 9:32,33 (*Amplificada*)
32 Porque [Dios] no es un simple hombre, como lo soy yo, para que yo le pueda responder, a fin de que podamos ir juntos a la corte.
33 No hay árbitro entre nosotros que pueda poner su mano sobre ambos (¡me gustaría que lo hubiera!).

Job necesitó uno que fuera capaz de colocar una mano sobre él y una mano sobre Dios. Necesitaba uno que pudiera ponerse entre él y Dios y abogar su caso.

– Reidt

Dios vio que no hubo intercesor.

ISAIAS 59:16
16 Y vio que no había hombre, y se maravilló que no hubiera quien se interpusiese; y lo salvó su brazo, y le afirmó su misma justicia.

Dios vio que no había intercesor, entonces Él suplió esa necesidad. Envió a Jesús.

Jesús, Nuestro Intercesor

Jesús vino para cerrar la brecha entre Dios y el hombre pecador. El hombre necesitaba que alguien se colocara en la brecha de tal manera que pudiera regresar a Dios. El hombre necesitaba un Intercesor. El sacrificio de Jesús lo estableció como el único Intercesor digno de toda confianza a favor de la humanidad. El es el único Intercesor para los hombres de este planeta.

– Reidt.

1 TIMOTEO 2:5
5 Porque hay un solo Dios, y UN SOLO MEDIADOR ENTRE DIOS Y LOS HOMBRES, Jesucristo hombre.

El entró al cielo para aparecer en la presencia de Dios a favor nuestro.

– Reidt.

HEBREOS 9:24
24 Porque no entró Cristo en el santuario hecho de mano, figura del verdadero, sino en el cielo mismo para presentarse ahora por nosotros ante Dios.

El es nuestro intercesor a la diestra del Padre.

– Reidt.

ROMANOS 8:34
34 ¿Quién es él que condenará? Cristo es él que murió; más aun, él que también resucitó, él que además está a la diestra de Dios, ÉL QUE TAMBIÉN INTERCEDE POR NOSOTROS.

El salva perpetuamente. Su poder divino no puede cesar ni por un momento.

– Reidt

HEBREOS 7:25
25 Por lo cual puede también salvar perpetuamente a los que por él se acercan a Dios, viviendo siempre para interceder por ellos.

Allí fluye de Jesús al Padre una incesante corriente de oración y amor por todas las personas y por quienes le han aceptado como Salvador y Señor.

En el sentido opuesto, allí fluye del Padre a Jesús la respuesta para nosotros. Por tanto, allí fluye de Jesús a todos los miembros de Su Cuerpo gracia abundante para cada necesidad en su momento oportuno.

Él permanece para siempre. Sin tener en cuenta las circunstancias, sin tener en cuenta cuán oscuras parezcan las cosas, sin tener en cuenta cómo nos sentimos, ÉL permanece en nosotros para siempre, si continuamos en su bondad (Ro. 11:22).

Él es nuestro Sumo Sacerdote para siempre a la diestra del Padre.

–Reidt

HEBREOS 7:16,17
16 No constituído conforme a la ley del mandamiento acerca de la descendencia, sino según el poder de una vida indestructible.
17 Pues se da testimonio de él: Tú eres sacerdote para siempre, según el orden de Melquisedec.

¿Por cuánto tiempo Jesús es nuestro Sumo Sacerdote? ¡Por siempre!

HEBREOS 8:1
1 Ahora bien, el punto principal de lo que venimos diciendo es que tenemos tal sumo sacerdote, el cual se sentó a la diestra del trono de la Majestad en los cielos.

Como nuestro Sumo Sacerdote, Él ejerce todas las funciones de su oficio en el Poder de una Vida sin fin. Este poder de una vida indestructible jamás cesa por un instante. Nuestra fe y experiencia de esa necesidad de intercesión nunca falla, porque su flujo es interminable.

– Reidt

1 JUAN 2:1
1 Hijitos míos, estas cosas os escribo para que no pequéis; y si alguno hubiere pecado, abogado tenemos para con el Padre, a Jesucristo el Justo.

> En la idea de la intercesión se incluye el hecho de que Jesús es nuestro Abogado. Abogado aquí significa "intercesor, consolador".
>
> – Reidt

La obra de W.E. Vine "Diccionario Expositivo de las Palabras del Nuevo Testamento" dice del término griego PARAKLETOS que se tradujo como "abogado" en Primera de Juan 2:1 que: "Se usaba en una corte de justicia para denotar un asistente legal, consejería para la defensa, un abogado; por tanto, en general, es uno que aboga la causa de otro, un intercesor, abogado. En el sentido más amplio significa alguien que socorre, un consolador".

> Cuando una persona (cristiana) peca, Jesús intercede y entonces hay consuelo en el hecho de que se perdona el pecado y que la sangre de Cristo lava tanto el pecado como su mancha dejando a la persona pura y limpia. Sin embargo, la voluntad de Dios es que la persona deje de pecar (I Juan 2:1; 5:3).
>
> – Reidt

Primera de Juan 2:1, no está escrita para alentarnos a pecar. Dios quiere que dejemos de pecar. Pero gracias a Dios, que no se detuvo al decir: "Hijitos míos, estas cosas os escribo para que no pequéis(...)". Si El lo hubiera hecho, entonces cuando cayéramos podríamos pensar: "Ahora estamos fuera; este es el fin de todo".

No; esa es apenas la mitad del versículo, pues luego dice: "(...)y si alguno hubiere pecado, abogado tenemos para con el Padre, a Jesucristo el justo".

¡Tenemos un Intercesor ! ¡Tenemos Consolador!

1 JUAN 5:3
3 Pues este es el amor a Dios, que guardemos sus mandamientos; y sus mandamientos no son gravosos.

La ley del amor en la familia de Dios es: "Un mandamiento nuevo os doy, que os améis unos a otros; como yo os he amado, que también os améis unos a otros" (Juan 13:34).

Todo paso fuera del amor, es pecado.

Tendemos a fijar nuestras mentes sobre los síes y los noes, pero muchos cristianos que se ciñen perfectamente a los síes y noes están pecando todavía. ¿Cómo? Por no andar en amor.

Sus actitudes son erradas. Ustedes necesitan mantener una actitud de amor hacia el prójima. Si no lo hacen pecan.

Gracias a Dios por Su intercesión. Gracias a Dios por estar en ese lugar hoy, para ministrar a favor nuestro.

Jesús pasó aproximadamente tres años y medio enseñando y entrenando a sus discípulos. Desde su

> ascensión ha estado intercediendo por casi 2000 años por las personas de esta tierra. ¡Cuánta dignidad agrega esto a la oración!
>
> – Reidt

Jesús ha estado intercediendo 2000 años por la gente de esta tierra – ¡no solamente por la Iglesia!

Notemos Hebreos 7:25 de nuevo: "por lo cual puede también salvar perpetuamente a los que por él SE ACERCAN A DIOS, [Esto habla acerca de que la gente viene a Dios.] viviendo siempre para interceder por ellos".

El ministerio intercesor de Jesús incluye ser nuestro Mediador, nuestro Sumo Sacerdote, nuestro Abogado, nuestro Consolador y Aquel que ora por nosotros a la diestra del Padre.

Capítulo 6

La vida de oración del creyente

Exhorto ante todo, a que se hagan rogativas, oraciones, peticiones y acciones de gracias, por todos los hombres; por los reyes y por todos los que están en eminencia, para que vivamos quieta y reposadamente en toda piedad y honestidad.

– I Timoteo 2:1,2

El Espíritu de Dios, por medio del apóstol Pablo, exhortó a los creyentes a poner algo en primer lugar en sus vidas de oración – no en segundo, no en tercero, sino en primer lugar.

Ante todo, rogativas (súplicas), oraciones, peticiones y acciones de gracias (gratitud; el lenguaje grato a Dios como un acto de adoración), se deben hacer por todos los hombres; por los reyes (o presidentes), y por todos los que están en autoridad.

¿Con qué base podemos hacer esto?

¿Con qué base podemos suplicar, orar, hacer peticiones y dar gracias por otros?

Podemos hacerlo legalmente porque somos uno con Jesús el Gran Intercesor y la oración es parte de Su ministerio intercesor.

Unidad Con El Gran Intercesor

Ya hablamos sobre Jesús como Intercesor – y ahora vemos que como somos uno con Él, somos uno con el Gran Intercesor.

1 CORINTIOS 6:17
17 Pero el que se une al Señor, un espíritu es con él.

EFESIOS 5:30
30 porque somos miembros de su cuerpo, de su carne y de sus huesos.

2 PEDRO 1:4
4 por medio de las cuales nos ha dado preciosas y grandísimas promesas, para que por ellas llegaseis a ser participantes de la naturaleza divina, habiendo huído de la corrupción que hay en el mundo a causa de la concupiscencia.

1 CORINTIOS 12:27
27 Vosotros, pues, sois el cuerpo de Cristo, y miembros cada uno en particular.

Cristo, es la Cabeza. Nosotros somos el Cuerpo. La cabeza y el cuerpo son uno. Somos uno con Él, ejecutando su obra en la tierra.

Él es el Gran Intercesor. Por tanto, somos uno con Él en su ministerio intercesor que incluye la oración.

Somos uno con Él en Su ministerio de reconciliación.

2 CORINTIOS 5:18-20
18 Y todo esto proviene de Dios, quien nos reconcilió consigo mismo por Cristo, y nos dio el ministerio de reconciliación;
19 que Dios estaba en Cristo reconciliando consigo al mundo, no tomándoles en cuenta a los hombres sus pecados, y nos encargó a nosotros la palabra de la reconciliación.
20 Así que, somos embajadores en nombre de Cristo, como si Dios rogase por medio de nosotros; os rogamos en nombre de Cristo: Reconciliaos con Dios.

Wilford Reidt comprime esto así: "Él es nuestro Gran Intercesor. El es el Gran Intercesor de toda la humanidad. Como miembros de Su Cuerpo, la Iglesia, participamos en esa intercesión".

Por tanto, nuestra vida de oración encontrará su patrón en Él.

Identificación

Debemos identificarnos con aquel por quien intercedemos.

Jesús se identificó con María y Marta en la muerte de Lázaro. Ellas estaban gimiendo y llorando. El Señor gimió en su interior y lloró. Fue a la tumba y levantó a Lázaro de entre los muertos.

Romanos 12:15 enfoca la idea de la identificación con los demás: "Gozaos con los que se gozan; llorad con los que lloran". El creyente verdadero puede ir de la casa de regocijo... a la casa de sufrimiento y llorar con quienes lloran.

> Pablo se identificó con los Judíos para poder ganarlos. Pablo se identificó con los que estaban sin ley, como si él estuviese sin ley (no estando sin ley ante Dios, sino bajo la ley de Cristo), para que pudiera ganar a los que no tenían ley. Ante los débiles se hizo débil, para poder ganarlos. Dijo que se había hecho de todo a todos los hombres, para que por todos los medios pudiera salvar a algunos (1 Co. 9:19-22).
>
> –Reidt

La identificación de la que estamos hablando aquí, es aquella identificación con el objeto que produce liberación.

Jesucristo, el Gran Intercesor, es nuestro ejemplo. Se identificó con el hombre, cuando Él, que había existido desde siempre en la forma de Dios, se despojó a Sí mismo y tomó la forma de siervo: "(...)hecho semejante a los hombres; y estando en la condición de hombre, se humilló a sí mismo, haciéndose obediente hasta la muerte, y muerte de cruz" (Fi. 2:7-8).

Jesucristo se identificó con el hombre caído para nuestra liberación.

Por medio del amor y la compasión nos identificamos con aquellos por quienes oramos.

Capítulo 7

Amor: El fundamento para una oración exitosa

El amor – la clase de amor de Dios, "ágape" – es el requisito inicial para una exitosa vida de oración. Y si usted es un hijo de Dios, usted tiene esta clase de amor.

ROMANOS 5:5
5 . . . el amor [ágape] **de Dios ha sido derramado en nuestros corazones por el Espíritu Santo que nos fue dado.**

Cuando usted nació de nuevo, Dios se convirtió en su Padre, Él es un Dios de amor. Usted es un hijo de amor de un Dios de amor. Usted ha nacido de Dios, y Dios es amor, por tanto, usted nació de amor. La naturaleza de Dios está en usted. Y la naturaleza de Dios es amor.

La nuestra es una familia de amor. Cada uno en la familia tiene el amor de Dios derramado en sus corazones o, si no, ellos no están en la familia.

Ahora, ellos pueden no estar ejercitándolo. Pueden ser como aquel del talento, quien lo envolvió en un pañuelo y lo enterró. Pero la Biblia declara que el amor de Dios ha sido derramado en nuestros corazones por el Espíritu Santo. Eso significa que la clase de amor de Dios ha sido derramado en nuestros espíritus.

Esta es una familia de amor. El amor es la base para toda actividad del Cuerpo de Cristo en la tierra.

1 TESALONICENSES 4:9
9 Pero acerca del amor fraternal no tenéis necesidad de que os escriba, porque vosotros mismos habéis aprendido de Dios que os améis unos a otros.

La ley del amor en la familia de Dios es:

JUAN 13:34
34 Un mandamiento nuevo os doy: Que os améis unos a otros; como yo os he amado, que también os améis unos a otros.

Asimismo se nos ha ordenado amar a nuestros enemigos.

MATEO 5:44,45
44 Pero yo os digo: Amad a vuestros enemigos, bendecid a los que os maldicen, haced bien a los que os aborrecen, y orad por los que os ultrajan y persiguen;

45 para que seáis hijos de vuestro Padre que está en los cielos, que hace salir su sol sobre malos y buenos, y que hace llover sobre justos e injustos.

La razón por la que podemos hacer esto – amar a nuestros enemigos, bendecir a quienes nos maldicen, hacer bien a quienes nos aborrecen, y orar por quienes nos ultrajan y nos persiguen – se debe a la forma de amor que el Padre ha puesto sobre nosotros.

1 JUAN 3:1
1 Mirad cuál amor nos ha dado el Padre, para que seamos llamados hijos de Dios; por esto el mundo no nos conoce, porque no le conoció a él.

Su Voluntad Y El Amor

Este amor ágape – esta clase de amor de Dios, – implica la elección de su voluntad.

Si usted nació de nuevo, ese amor está dentro de su espíritu. Pero usted es el único que tiene que desear ponerlo en práctica. Usted escoge permitir que ese amor se libere desde su interior.

Podemos elegir amar a todas las personas – inclusive a nuestros enemigos. Casi cualquiera puede amar a quienes los aman, pero la Biblia nos ordena amar a nuestros enemigos.

Elegimos amar a todo el mundo aun a los que no se puede amar. Amamos como Dios ama. Esto implica el dar nuestras vidas en beneficio de la humanidad. Esto no se refiere tan sólo al morir físicamente. Se refiere principalmente a nuestra disposición de renunciar a nuestra propia voluntad y costumbres y a que tomemos tiempo para orar e interceder por todos los hombres.

–Reidt

JUAN 15:13
13 Nadie tiene mayor amor que este, que uno ponga su vida por sus amigos.

Dios nos amó cuando aún éramos pecadores y envió a Cristo a morir por nosotros. Debemos amar de la misma manera. Debemos dar nuestras vidas por la humanidad.

Una de las formas como damos nuestras vidas por la humanidad es entregándonos a la oración.

Esto involucra sacrificio. Involucra sacrificar nuestros propios deseos para el beneficio de la humanidad.

Hay sacrificio en renunciar a su propia voluntad y tiempo para orar por los demás.

Compasión

El amor es la base para todas las actividades Cristianas. La compasión es un ingrediente del amor divino.

– Reidt

¿Cómo sabemos que esto es así?

Porque Dios amó de tal manera al mundo que dio a Jesús. Y Jesús nos amó tanto que se dio a Sí mismo por nosotros. Y en su ministerio terrenal, una y otra vez vemos la compasión.

Cuando consideramos esa verdad maravillosa, recordemos que Jesús dijo: "(...)el que me ha visto a mí, ha visto al Padre(...)" (Juan 14:9). Si usted quiere ver a Dios, mire a Jesús. Jesús es la voluntad de Dios en acción. Jesús es el amor de Dios en acción. Y en su ministerio terrenal, El fue movido a compasión.

MATEO 9:36-38
36 Y al ver las multitudes, tuvo compasión de ellas; porque estaban desamparadas y dispersas como ovejas que no tienen pastor.
37 Entonces dijo a sus discípulos: A la verdad la mies es mucha, mas los obreros pocos.
38 Rogad, pues, al Señor de la mies, que envíe obreros a su mies.

Jesús tuvo compasión de las personas y nos pide participar en esa compasión, orando para que el Señor de la Mies envíe obreros al campo.

– (Reidt)

Jesús fue movido por la compasión y sanó a los enfermos.

MATEO 14:14
14 Y saliendo Jesús, vio una gran multitud, y tuvo compasión de ellos, y sanó a los que de ellos estaban enfermos.

La compasión de Jesús lo condujo a alimentar a los cuatro mil:

MATEO 15:32
32 Y Jesús, llamando a sus discípulos, dijo: Tengo compasión de la gente, porque ya hace tres días que están conmigo, y no tienen qué comer; y enviarlos en ayunas no quiero, no sea que desmayen en el camino.

En Su compasión, Jesús sanó a los ciegos:

MATEO 20:34
34 Entonces Jesús, compadecido, les tocó los ojos, y en seguida recibieron la vista; y le siguieron.

La compasión le condujo a la sanidad del leproso:

MARCOS 1:40,41
40 Vino a él un leproso, rogándole; e hincada la rodilla, le dijo: Si quieres, puedes limpiarme.
41 Y Jesús, teniendo misericordia de él, extendió la mano y le tocó, y le dijo: Quiero, sé limpio.

En su compasión, Jesús curó a toda persona que se lo pedía, (Mt. 4:23,24 ; Mr. 6:56; Lc. 6:19).

Jesús enseñó a sus discípulos a participar en Su compasión cuando envió a los doce (Lucas 9:1-6) y a los setenta (Lucas 10:1-19).

Su compasión había de continuar después de Su Ascensión, cuando El hizo de la sanidad una de las señales del creyente (Marcos 16:16-18).

Su compasión fue demostrada después de Su ascensión (Hechos 5:15,16; 19:11,12; 28:8,9).

En cada ocasión en donde Jesús era movido a compasión, la persona o personas eran liberadas.

La simpatía humana dice: "Sé cómo te sientes; lo lamento mucho".

La compasión divina dice: "Siento lo mismo que tú" y trae liberación.

Jesús sintió lo mismo que Marta y María, pues gimió dentro de su espíritu y también lloró.

– Reid

JUAN 11:33,35
33 Jesús entonces, al verla llorando, y a los judíos que la acompañaban, también llorando, se estremeció en espíritu y se conmovió . . . .
35 Jesús lloró.

La compasión de Jesús trajo liberación. Si tenemos la compasión divina de Jesús, habrá liberación. Pero, creo que la mayoría de las veces hemos tratado de traer liberación, sin la compasión divina. Allí es donde intervienen la oración y la intercesión.

Llorar bajo la unción del Espíritu Santo con aquellos que lloran trae liberación (Ro. 12:15).

El Dr. John G. Lake es conocido por su ministerio, bien marcado con ideales apostólicos. Justo después del comienzo de este siglo hizo un maravilloso trabajo en Sur Africa.

Tantas sanidades se vieron en su tabernáculo de Johannesburg que el informe de las mismas llegó a los líderes de esa nación. Algunas de las personas más elevadas del gobierno lo buscaron para que orara en favor de la esposa de un alto funcionario oficial.

Cuando Lake llegó a su casa, la encontró postrada con un cáncer terminal. Se dio cuenta que era una mujer cristiana. Entonces comenzó a darle versículos para enseñarle sobre la sanidad divina y hacer que su fe se activara.

Ella hizo la decisión de confiar en Dios para su sanidad. Los médicos la habían desahuciado, y le daban sólo calmantes para mantenerla aliviada. Pero ella decidió suprimir todos los medicamentos.

Dijo: "Si voy a confiar en Dios para mi sanidad, entonces me voy a arrojar completamente en su misericordia".

"Esta mujer estaba en tal dolor", contaba el Dr. Lake, "que uno de los ministros de la iglesia y yo permanecíamos todo el tiempo al pie de su cama, en oración. Mientras estábamos orando, ella se aliviaba".

Una mañana, después de haber orado toda la noche, Lake fue a su casa con tiempo suficiente para bañarse y afeitarse. Luego volvió a donde estaba.

Lake contó: "...cuando estaba a dos cuadras de la casa, la oí que gritaba del dolor. Al sonido de sus gritos, de alguna manera, me pareció entrar en la compasión divina...".

Lake entró en los sufrimientos de Jesús. Comenzó a sentir tal como Jesús siente. Pues Jesús puede compadecerse de nuestras debilidades (Hebreos 4:15).

Lake dijo: "...me encontré a mí mismo corriendo esas dos últimas cuadras sin siquiera pensar lo que estaba haciendo. Sin pensarlo me precipité a la habitación, me senté al borde de la cama, levanté ese cuerpo demacrado entre mis brazos, como si fuese un bebé, y comencé a llorar. Mientras estaba llorando, esta mujer fue sanada perfectamente".

De alguna forma, la misma compasión de Jesús, el amor de Dios, pudo saturar su corazón, su espíritu.

Los creyentes dedicados pueden entrar en esa área de compasión de una forma: – y no se puede entrar allí de ninguna otra forma – sólo por la comunión con Dios.

Usted no puede tener comunión con Dios, usted no puede sentarse en la Presencia del gran Dios de este universo sin que Su amor inunde su ser y sin que Su compasión fluya dentro de usted.

Y es cuando usted llega a este punto, que será capaz de hacer como Jesús dijo en Juan capítulo 14.

> **JUAN 14:12**
> **12 De cierto, de cierto os digo: El que en mí cree, las obras que yo hago, él las hará también; y aun mayores hará, porque yo voy al Padre.**

Las obras que el Señor hizo, nacieron del amor y la compasión. Las obras que los creyentes harán, inclusive la oración, son producto de participar en su ministerio de amor y compasión.

Capítulo 8
Conociendo el amor de Dios

Y de conocer el amor de Cristo, que excede a todo conocimiento, para que seáis llenos de toda la plenitud de Dios

– Efesios 3:19

Para interceder efectivamente, usted debe conocer el inmenso amor que Dios tiene por toda la humanidad.

> El envía la lluvia sobre justos e injustos (Mateo 5:45).
> El hace salir el sol sobre el malo y el bueno (Mateo 5:45)
> El es benigno para con los ingratos y malos (Lucas 6:35).
>
> – Reidt

Como el amor de Dios está en nosotros, y el amor de Dios ha sido derramado en nuestros corazones, debemos ser benignos como Dios lo es – con los ingratos y con los malos.

Para Todo El Que Quiera

Jesús compró el don de la salvación para todo el que quiera aceptarlo (Ef. 2:8; Ap. 22:17). Dios ordena que todos los hombres se arrepientan (Hechos 17:30). Su mano de misericordia se ha extendido a toda la humanidad.

Nuestra intercesión por todos los hombres no es tanto para que Dios extienda su misericordia. El ya lo hizo por medio de Jesús.

Nuestra intercesión principalmente es para romper las ataduras que el diablo tiene sobre los hombres.

El diablo ha cegado a los hombres (2 Co. 4:3,4). Debemos liberar al pecador de esa ceguera para que pueda ver la Luz.

– [Reidt]

Una tarde hace algunos años, estaba recostado a lo largo de mi cama y descansaba en mi cama entre los servicios de la mañana y la tarde. Tenía la Biblia y otro libro y estudiaba. A mi espíritu – no a mi mente – vino una comprensión de algunas de estas cosas que nunca había tenido antes. Vi este pasaje en una forma en que jamás lo había visto antes, hasta ese momento:

2 CORINTIOS 4:3,4
3 Pero si nuestro evangelio está aún encubierto, entre los que se pierden está encubierto;
4 en los cuales el dios de este siglo cegó el entendimiento de los incrédulos, para que no les resplandezca la luz del evangelio de la gloria de Cristo, el cual es la imagen de Dios.

Vi cómo lo habíamos pasado por alto, al rogar por los perdidos.

No quiero decirlo duramente, pero decir simplemente: “Señor, salva al tío Juan y a la tía Lucy”, beneficia tanto como lo hace el cruzar los dedos y decir: "Titila, titila, lucerito". Dios ya hizo todo lo que debía hacer para salvarlos.

No supe eso – hasta esa tarde. Había estado orando así por algunos de mis propios parientes.

Esa tarde, oí al Señor decir a mi espíritu: "Ningún humano en su sano juicio, conduciría su carro por la autopista a cien millas por hora, pasaría las luces rojas de advertencia, pasaría los avisos que dijeran: '¡Peligro! ¡Puente fuera de servicio!', y se arrojaría a la eternidad. Pero un borracho lo haría – alguien drogado, lo haría; lo mismo es cierto espiritualmente. Ningún hombre en su sano juicio saltaría a la eternidad sin Dios. Pero el dios de este mundo ha cegado sus mentes".

Él me dio este pasaje: "(...)en los cuales el dios de este siglo cegó el entendimiento(...)" (2 Co. 4:4).

Pude oír al Espíritu de Dios retándome: "Te has aproximado a esto incorrectamente. Has trabajado en el lado erróneo del asunto. Has ayunado y orado para que Yo haga algo, y he hecho todo lo que voy a hacer. La sangre ya se ha derramado. El Evangelio ya ha sido dado. La luz ya está aquí. No puede brillar por lo que el diablo ha hecho. Lo que tienes que hacer es quebrantar el poder del diablo sobre ellos".

La intercesión no cambia a Dios – Dios nunca cambia.

La oración no cambia a Dios. La oración lo cambia a usted y a los demás. No cambia a Dios.

Vi lo que debía hacer por mi hermano, Dub. Durante quince años había estado ayunando y orando para que Dios lo salvara y si eso alguna vez trajo algún beneficio, no sabría decirlo. Dub era la oveja negra de la familia. Cualquier cosa que ustedes puedan mencionar, él la había hecho. Supe que si quebrantar el poder del diablo obraba sobre él, obraría sobre cualquiera.

Me levanté de la cama con la Biblia en una mano y la otra elevada a lo alto, y dije: "En el nombre del Señor Jesucristo, rompo el poder del diablo sobre la vida de mi hermano Dub, y reclamo su liberación (Eso significaba que reclamaba su liberación de la ceguera y de esa esclavitud en que lo tenía Satanás). Y reclamo su salvación total en el Nombre del Señor Jesucristo".

En el curso de tres semanas, mi hermano había nacido de nuevo.

Aquí es donde la intercesión entra – debemos soltar al pecador de la ceguera, para que pueda ver la luz.

Si podemos hacer que la gente vea a Dios como es en realidad, ellos querrán amarlo.

Somos uno con el Gran Intercesor en Su ministerio de reconciliación.

Miremos esta Escritura de nuevo en la traducción Amplificada:

2 CORINTIOS 5:19 (*Amplificada*)
19 Era Dios estaba (presente personalmente) en Cristo, reconciliando y restaurando al mundo a favor consigo mismo, no llevando la cuenta, ni imputándole [a los hombres] sus pecados [sino cancelándolos]; y nos encargó el mensaje de la reconciliación - de restauración a favor con él.

¿A quién reconcilió consigo mismo? ¡Al mundo!

¿Los pecados de quién fueron cancelados? ¡Los del mundo!

Eso es lo que será tan terrible – la gente irá al infierno y cuando lleguen allí, hallarán que no les habíamos dicho la verdad. No les habíamos dicho que todo estaba cancelado.

Los pecados de los que no son salvos han sido cancelados por Jesús. Así es como Dios es benigno con el ingrato y el malo. Y El nos ha dado ese mensaje, esa palabra de reconciliación.

Pero hemos predicado así: "Dios te va a agarrar si no tienes cuidado. Él está tras de ti".

La gente ha entrenado sus hijos, diciéndoles: "No hagas eso. Jesús no te amará si lo haces".

Eso es una mentira. Puede que El no quiera que lo hagan, pero los amará de todas maneras.

Decir a los niños: "Dios no te amara si haces eso"..., causa que ellos crezcan con sus mentes ciegas a la luz de Su amor. Y es muy difícil lograr que esa clase de enseñanza, salga de las personas.

Él nos ha dado el ministerio de la reconciliación.

Solíamos pensar que le teníamos que predicar condenación a la gente. Así que salíamos y los golpeábamos en la cabeza, por así decirlo.

¡No! El Espíritu de Dios los convencerá.

El nuestro es el ministerio de la reconciliación. Cuando podamos lograr que las personas vean a Dios como El realmente es, querrán amarlo.

Capítulo 9
Denuedo

Acerquémonos, pues, CONFIADAMENTE al trono de la gracia, para alcanzar misericordia y hallar gracia para el oportuno socorro.

– Hebreos 4:16.

La oración efectiva implica denuedo.

Llegamos ante el trono de Dios con confianza.

¿Dónde conseguimos el denuedo? ¡En Jesús!

EFESIOS 3:11,12
11 conforme al propósito eterno que hizo en Cristo Jesús nuestro Señor,
12 en quien tenemos seguridad y acceso con confianza por medio de la fe en él.

Hay muchas cosas por las que usted no necesita orar – pero sí está bien orar por denuedo. De hecho, debería.

Por ejemplo, no se necesita orar por fe. En efecto, la Biblia dice: "(...)la fe es por el oír, y el oír, por la palabra de Dios" (Ro. 10:17).

Así que, ya sabe usted cómo conseguir fe. La fe se incrementa al alimentarla con la Palabra de Dios y al ejercitarla. No necesitamos orar por fe. En cambio, la Biblia nos enseña que podemos orar por denuedo.

Pedro y Juan fueron osados cuando usaron el Nombre de Jesús para ministrar al cojo en la puerta que se llamaba la Hermosa. Fueron osados cuando proclamaron el nombre de Jesús ante la multitud que se reunió.

Las autoridades Judías observaron su denuedo y los detuvieron para interrogarlos (Hechos 4:13). Les ordenaron que no predicaran ni enseñaran más en el Nombre de Jesús.

Dejados libres, fueron a los miembros de su propia compañía e informaron todo lo que los principales sacerdotes y los ancianos les habían dicho. Entonces, todos los creyentes levantaron su voz en una oración de acuerdo ante Dios.

HECHOS 4:29,30
29 Y ahora, Señor, mira sus amenazas, y concede a tus siervos que CON TODO DENUEDO hablen tu palabra,
30 mientras extiendes tu mano para que se hagan sanidades y señales y prodigios mediante el nombre de tu santo Hijo Jesús.

¡Esa oración recibió respuesta!

HECHOS 4:31
31 Cuando hubieron orado, el lugar en que estaban congregados tembló; y todos fueron llenos del

Espíritu Santo, y hablaban con DENUEDO la palabra de Dios.

Pablo le pidió a la iglesia en Efeso oración por él. Este gran hombre de Dios, este apóstol de la fe, este hombre que escribió la mitad del Nuevo Testamento, dijo: "Orando en todo tiempo(...) por todos los santos; y por mí, a fin de que al abrir mi boca me sea dada palabra para dar a conocer con DENUEDO el misterio del evangelio, por el cual soy embajador en cadenas; que con DENUEDO hable de él, como debo hablar" (Ef. 6:18-21).

La oración de la iglesia de Efeso en favor de Pablo, fue una oración de súplica.

Denuedo Para Obrar

Necesitamos denuedo para actuar. A veces, durante la intercesión, el Espíritu Santo nos manda ir a aquel por quien intercedemos. Ahora referiré un incidente en la vida de un gran intercesor, Charlie Hollandsworth de Spokane. Un día entró en intercesión por alguien. Él no sabía por quién intercedía. Después de un tiempo de agonizar en el Espíritu, éste le urgió a ir al Puente de la Calle Monroe. Se apresuró al puente sin demora. Cuando llegó, el Espíritu Santo le mostró un hombre en medio del puente que tenía una pierna sobre la baranda, listo para saltar a la muerte. Charlie detuvo su carro con rapidez, y agarró al hombre. Él persuadió al hombre para que entrara al vehículo.

> Condujo al hombre al campo, donde pudieran estar solos. Le tomó de dos a tres horas conseguir que el hombre aceptara al Señor Jesús como su Salvador.
>
> – Reidt

Podemos no saber aquello por lo que oramos, pero gracias a Dios, el Espíritu Santo sí sabe. Necesitamos denuedo para actuar con base en la Palabra de Dios. Necesitamos denuedo para actuar en lo que el Espíritu de Dios pueda decirnos.

Puedo percibir al Espíritu de Dios buscando en la Iglesia tratando de encontrar personas en quienes él pueda confiar para orar y actuar con denuedo. Los necesita.

Muchas personas tienen empleos y obligaciones que no les permiten entregarse de todo corazón a interceder. Pero he hallado que a medida que usted está haciendo lo que debe hacer, puede estar orando en su interior.

> Dios no le pondrá una carga de intercesión, a no ser que usted esté disponible para moverse. El podría moverse sobre usted para orar por alguien, mientras usted trabaja, si el trabajo es tal que le permita orar.
>
> – (Reidt)

Hay empleos donde sería muy difícil orar mientras se trabaja. Por lo cual Dios tendría que buscar a alguien más.

Pero hay algunos oficios – particularmente, si usted no está trabajando con la mente, sino con las manos – donde es posible entregarse a la oración, aun mientras usted está trabajando.

No deseche esa carga de oración cuando venga. Tenga denuedo para actuar en ella.

Un día, mientras todavía estaba pastoreando, iba manejando por ahí a fin de atender algunos asuntos y de visitar a varias personas. Repentinamente, experimenté el impulso de orar por mi hermano menor. Él se había apartado en ese tiempo y no estaba caminando con el Señor. Una alarma se disparó en mi interior.

Entonces me puse a orar dentro de mí, aun mientras estaba hablando con otras personas – en mi interior algo estaba llegando a Dios a su favor.

Llevé ese asunto conmigo por todas partes dos o tres días hasta que sencillamente desapareció. No supe lo que motivó eso.

Más tarde, en una conversación, mi hermano me dijo: "Te diré algo; ciertamente el Señor me ayudó el otro día".

En ésa época, él era un hombre de negocios, y tenía un rancho. Me dijo que estaba en el rancho, cuando una caneca de cinco galones de gasolina que tenía en la mano explotó. No fue herido en lo más mínimo.

Agregó que todos los que lo vieron quedaron asombrados.

El administrador del rancho dijo: "Eso sobrepasa todo lo que he visto en mi vida. No puedo creer lo que vi".

Pero tres días antes que sucediera, yo estaba orando. Estoy convencido que si yo la hubiera desechado y no me hubiera rendido a ella, él podría haberse quemado gravemente y quizás haber muerto.

Ustedes ven, Dios no quiso dejarle salir de aquí en esa condición fuera de comunión.

¿Qué si no hubiera orado?

¿Qué si Charlie Hollandsworth no hubiese sido sensible al Espíritu de Dios? ¿Qué si él no hubiese intercedido cuando no sabía por quien lo hacia? ¿Qué si él hubiera estado demasiado ocupado o insensible a la dirección del Espíritu para correr hacia ese puente, sin siquiera saber por qué estaba yendo?

Con toda seguridad, aquel hombre habría ido al infierno.

Es un pensamiento tremendo que cuando los hombres estén ante el estrado del juicio de Dios, pueda haber algunas personas en el infierno que nos señalen y digan: "Tú eres responsable".

Denuedo Ante El Trono

ISAIAS 43:25,26
25 Yo, yo soy el que borro tus rebeliones por amor a mí mismo, y no me acordaré de tus pecados.
26 Hazme recordar, entremos en juicio juntamente; habla tú para justificarte.

Aquí hay un reto del Dios guardador del pacto con Israel. También es un desafío para la Iglesia. Porque si Dios guardó su pacto con ellos, El guardará Su pacto con nosotros.

El creyente tiene, en la oración, derechos del pacto, así como otros derechos de pacto.

Pero hay un gran problema que derrota a los Cristianos en su vida de oración. Cuando venimos ante Dios, tenemos una sensación de inferioridad, un sentimiento de conciencia pecaminosa, porque sabemos que hemos fallado. Tenemos un complejo de culpa.

Algunos comienzan sus oraciones con: “Soy tan débil, Señor; soy tan indigno”, y luego hablan persistentemente sobre su debilidad e indignidad durante toda la oración.

Y cuando entran en la presencia de Dios diciéndole eso, hablando se sacan a sí mismos de la fe y a la condenación. No saben si Dios les oye o no. Todo lo que hacen es mendigar por migajas.

Pero miremos lo que Dios dijo: "Yo, yo soy el que borro tus rebeliones por amor de mí mismo, y no me acordaré de tus pecados" (Is. 43:25).

¿Por qué dijo que borraría nuestras transgresiones? Por amor de sí mismo – para poder bendecirnos. No habría podido bendecirnos sin eso.

Cuando sabemos que Él ya borró nuestro pecado y que ni siquiera recuerda que hicimos algo malo, podemos acercarnos a Él con confianza. Podemos venir con fe. Perdemos la conciencia de pecado – y ¡ahora tenemos la conciencia de Hijos!

No tenemos que sentarnos sobre la acera, al frente de nuestra mansión, a mendigar favores. Podemos venir confiadamente por la puerta frontal y entrar al salón del trono para tener comunión con Dios.

Somos hijos de Dios, somos coherederos con Jesucristo, somos el pueblo del pacto. Tenemos un derecho legal, un derecho al Evangelio, un derecho de hijo, un derecho de familia. El derecho de Cuerpo para entrar al salón del trono.

Cuando Jesús fue a la Presencia del Padre, no entró con sólo Su cabeza dejando fuera Su dedo meñique diciendo: "Oh, estoy avergonzado". ¡No! Él no tenía ninguna condenación ni aún en Su dedo meñique.

Somos el Cuerpo de Cristo. ¡Eso significa que el Cuerpo puede entrar a la Presencia de Dios Padre con la misma confianza y con la misma seguridad que la Cabeza! ¡Confiadamente!

Capítulo 10

Elementos de la vida de oración del creyente

Miremos los elementos de una vida de oración efectiva.

Fervor

SANTIAGO 5:16-18 (*Worrell*)
16 La súplica del interior del hombre justo puede lograr mucho.
17 Elías fue un hombre que tuvo la misma naturaleza nuestra, y rogó fervorosamente para que no lloviera y no llovió sobre la tierra por un período de tres años y seis meses ;
18 Y oró de nuevo, y el cielo dio la lluvia y la tierra produjo su fruto.

La oración efectiva involucra fervor.

La Biblia enseña que debemos ser siempre: *"(...)fervientes en espíritu(...)"* (Ro. 12:11).

W.E. Vine dice que la palabra traducida "fervientes" en Romanos 12:11 significa, *estar calientes, hervir. La Concordancia Exhaustiva de la Biblia Strong'* agrega que figurativamente significa un sentimiento muy profundo.

Epafras estaba "rogando encarecidamente" por los Colosenses en sus oraciones (Col. 4:12). El término griego *agonizomai* traducido "rogando encarecidamente", indica un esfuerzo, una lucha.

Afecto

2 CORINTIOS 7:6,7
6 . . . Dios . . . nos consoló con la venida de Tito;
7 y no sólo con su venida, sino también con la consolación con que él había sido consolado en cuanto a vosotros, haciéndonos saber vuestro GRAN AFECTO, vuestro llanto, vuestra SOLICITUD por mí, de manera que me regocijé aún más.

El "intenso afecto" de los Corintios fue reconocido por Tito y comunicado a Pablo.

Algo sucede cuando el verdadero clamor de Dios, la verdadera oración de Dios y el verdadero anhelo de Dios se apoderan de nuestro espíritu.

Dios pone en su corazón interceder; luego esto [la carga o cualquiera otra cosa que Dios haya puesto en su corazón] debería ser el supremo asunto de su corazón.

Cuando el deseo de ver la respuesta venir se intensifica, tanto que absorbe todas las energías, entonces el tiempo para el cumplimiento no está lejos.

Este es el deseo que trae la respuesta. Es un deseo creativo

– Reidt

En el invierno de 1942-1943, me encontré tomado por un deseo de que Dios se moviera. No lo llamé – fue puesto allí, sin duda, por Dios.

Mire usted, lo que sucede en el mover del Espíritu de Dios – avivamientos y todo lo demás – no viene como resultado de la oración de alguien ayer o inclusive la semana pasada. Es el resultado de las oraciones de años atrás.

Ese invierno del 42 al 43 yo era pastor de una iglesia en el oriente de Texas cuando me encontré tan absorto y tan cargado orando por ciertas cosas.

Durante aquellos años de guerra, parecía como si muchas de nuestras iglesias se hubieran secado. La gente estaba ocupada yendo a la guerra o trabajando en las fábricas de elementos bélicos, y así por el estilo. En nuestras iglesias Pentecostales teníamos abundancia de lenguas e interpretación, pero rara vez, si acaso, veíamos algunos otros dones o manifestaciones del Espíritu.

Me encontré que oraba casi inconscientemente: "Querido Señor, permite que las manifestaciones y los dones más poderosos del Espíritu vengan en manifestación y operación...el don de la fe especial...el realizar milagros...los dones de sanidades...".

Estaba tan absorto en aquello, que me despertaba en la sala a las tres o cuatro de la mañana y de rodillas, orando eso. Noche tras noche, esa era una ocurrencia común. Muchas veces había sido despertado más temprano en la noche, salía del dormitorio para no molestar a mi esposa. (Con frecuencia oro bastante, suave y privadamente, pero no podía estar en silencio acerca de esto. Parecía como si me fuera a reventar). Pero otras veces, no recordaba haberme levantado. Me encontraba a mí mismo fuera en la sala orando y me decía: "*¿Cómo llegué aquí?*".

Muchas veces me despertaba y me encontraría orando inconscientemente: "Permite que estas más grandes, y más poderosas manifestaciones de tu Espíritu vengan en operación...".

Luego, el 23 de febrero de 1943, después de orar durante cinco horas y cuarenta y cinco minutos, Dios comenzó a decirme algo. Tomé un lápiz y escribí. El dijo: "Cuando termine la II Guerra Mundial, vendrá un avivamiento de sanidad divina sobre los Estados Unidos".

Eso sucedió más de dos años antes de que la guerra terminara. La guerra no acabó hasta agosto de 1945; esto aconteció en 1943.

Diecinueve meses más tarde, en septiembre de 1944, estaba hablando en la reunión de los Embajadores de Cristo de las Asambleas de Dios. Empecé con otro tema pero, debido a que esto me estaba quemando por dentro, terminé con este tema y conté lo que el Señor me había comunicado.

Dije: "Quiero darles un anticipo de lo que va a suceder cuando la guerra termine. Va a venir un avivamiento de sanidad divina en América".

Cuando pronuncié eso, el poder de Dios cayó sobre esa multitud. Cada ministro, tal como si alguien les hubiera dicho (yo no lo hice), se puso de pie y corrió al altar. Cada persona se fue al piso. Nunca había visto tal cosa en mi vida.

Gracias a Dios por el Espíritu de Dios. Gracias a Dios por la oración.

Ese avivamiento de sanidad divina llegó. Comenzó en 1947. Pero no vino porque alguien había orado la semana anterior en 1947. Vino porque personas – no sólo yo, también otros – estaban orando desde 1943.

Cuando oraba por eso, era un deseo consumidor. No me interesaba o siquiera sospechaba que Dios me usaría en ello. Realmente ni siquiera quería que me usara. Me venia perfectamente bien estar detrás del escenario, donde pudiera orar y que nadie me viera jamás.

Dios lleva a cabo su voluntad sobre la tierra por medio de la Iglesia.

¿Qué si las personas no hubiesen respondido a esa carga?

De todas formas, ¿de dónde vino? ¿Acaso la invocamos nosotros mismos? ¡No! Dios la puso en nuestros corazones. Era un deseo consumidor.

¿Qué si no hubiéramos respondido? No teníamos que hacerlo. No somos robots.

Dios no nos hace hacer nada. Tenemos nuestra propia voluntad. Debemos quererlo para responder al Espíritu de Dios. El Espíritu de Dios no usa la fuerza. Si lo hiciera, podría conseguir que todos fuésemos salvos hoy, y mañana entraríamos en el Milenio.

Es el diablo y los demonios quienes fuerzan y obligan a las personas. El Espíritu Santo guía y dirige; El dará un gentil impulso.

Dispóngase a responder al Espíritu de Dios. Atienda esos impulsos de orar. A veces hay cierta dirección; otras veces una carga.

Sean sensibles a El.

Algunas veces somos insensibles a lo que El está diciendo en nuestros espíritus, porque vivimos demasiado en el plano mental. Y descuidamos esas cosas.

> Algunos pueden objetar al llegar a tener algo que venga a ser el deseo supremo del corazón por un tiempo. Dicen que su deseo supremo debe ser para el Señor
>
> – (Reidt)

Cuando Dios pone ese deseo en su corazón, ese es su deseo supremo para el Señor. Dios mora dentro de usted. Y Él es el único que activa el deseo. El deseo supremo de Dios es que la gente sea liberada.

El deseo supremo de Dios fue que ese hombre (en el Capítulo 9) no saltara del puente y cometiera suicidio. Sucedió que el hombre estaba donde Dios pudo encontrar a alguien que comenzara a orar – alguien lo suficientemente cerca como para responder al Espíritu de Dios, entrar en su carro y llegar hasta allí. La vida de ese hombre se salvó y nació de nuevo, porque un hijo de Dios permitió que el deseo supremo de Dios se convirtiera en su propio deseo supremo.

> Dios no es de poco corazón para nada. Como ese es su deseo supremo, también ese mismo viene a ser el deseo supremo de uno llamado a interceder. Es cooperación con Dios. "Porque nosotros somos colaboradores de Dios(...)" (1 Co. 3:9).
>
> – Reidt

Perseverancia

EFESIOS 6:18
18 Orando en todo tiempo con toda oración y súplica en el Espíritu, y velando en ello con toda perseverancia y súplica por todos los santos.

La oración efectiva debe incluir el elemento perseverancia. Wilford Reidt lo resume bien:

Cuando el Espíritu Santo pone en el corazón de una persona interceder, la intercesión no se debe detener sino hasta cuando se obtenga la respuesta o hasta que la carga sea quitada. En mi experiencia, en la que casi nunca sé por quién estoy intercediendo, he tenido cargas que duran horas y aun días. He tenido que hacer mi trabajo habitual, pero todo el tiempo hubo ese gemir interior en mi espíritu. En las ocasiones en que tuve oportunidad de estar a solas con Dios, la carga se intensificó. No hay regla a seguir. Cada persona hará como Dios dirija.

El motivo por el que la "persistencia" es un ingrediente de la intercesión, es que es fácil deshacerse de la carga y olvidarla. Es una tremenda responsabilidad sentir que la vida de alguien puede depender de su intercesión. No muchos creyentes están dispuestos a aceptar eso. Así que aquellos que tienen voluntad usualmente son mantenidos muy ocupados.

Ayuno

1 SAMUEL 10:7
7 Y cuando te hayan sucedido estas señales, haz lo que te viniere a la mano, porque Dios está contigo.

La oración efectiva, a veces, implica el ayuno.

En algunos casos el ayuno puede ser necesario. No hay regla rígida e irrevocable. El guerrero de oración lo hará en la medida en que las ocasiones le sirvan. Si él estima que ayunar es necesario, entonces ayune.

– (Reidt)

En todas las epístolas – los libros del Nuevo Testamento escritos a la Iglesia – ni una sola vez se le dice a la Iglesia que ayune.

Eso no significa que no debamos. Se hace mención del ayuno, pero no se fijaron reglas, ni se alienta a la Iglesia a ayunar.

La razón es: No hay reglas rígidas e irrevocables al respecto – se debe hacer como la ocasión surja.

El ayuno no cambia a Dios. El es el mismo antes que usted ayune, mientras usted está ayunando, y cuando usted termina el ayuno.

Pero ayunar lo cambiará a usted. Le ayudará a mantener la carne bajo control. Le ayudará a ser más susceptible al Espíritu de Dios.

El Señor le puede hablar a usted para ayunar. Me ha hablado a mí para ayunar en ocasiones especiales. Sin embargo, puedo mencionar que no me ha guiado a ayunar más de tres días a la vez. (Para más información sobre el tema, se puede leer el libro del hermano Kenneth Hagin: Una Guía Sensata para el Ayuno).

Capítulo 11
El Espíritu Santo: Nuestro Ayudador en la oración

El Espíritu Santo intercede por nosotros.

El Espíritu Santo también nos ayuda a orar.

ROMANOS 8:26,27
26 Y de igual manera el Espíritu nos ayuda en nuestra debilidad; pues qué hemos de pedir como conviene, no lo sabemos, pero el Espíritu mismo intercede por nosotros con gemidos indecibles.
27 Mas el que escudriña los corazones sabe cuál es la intención del Espíritu, porque conforme a la voluntad de Dios intercede por los santos.

El Dr. T.J. McCrossan, que fue un notable profesor de Griego, incluyó este concepto aclaratorio a la palabra Griega traducida "ayuda", en su libro *"Sanidad Corporal y la Expiación"* (ahora disponible en la Librería de Fe de Kenneth Hagin):

> ...nótese bien la palabra aquí traducida "ayuda" (sunantilambanetai). Este es el tiempo presente, tercera persona singular, del verbo deponente sunantilambanomai, y viene de sun, junto con; anti, contra; y lambano, asumir o tomar para sí [la tarea]. Por

consiguiente, esta palabra significa "asumir o tomar para sí, contra, junto con".

De esta manera, en Romanos 8:26 se nos dice que el Espíritu Santo asume o toma para sí [la tarea] contra nuestra debilidad junto con alguien. ¿Con quién? Pues, con nosotros. mismos...

–McCrossan

El Dr. McCrossan se refería sólo a un aspecto de la debilidad (la debilidad del cuerpo, enfermedad), pero claramente vemos que el Espíritu Santo ayuda asumiendo o tomando para sí [la tarea] junto con nosotros, en contra de nuestras debilidades o toda forma de desventaja.

Si dijera desde el púlpito: "Algunos de ustedes, hombres quédense después del servicio y ayúdennos a quitar el piano de la plataforma", significaría que deseo que ellos asuman o tomen para sí [la tarea], junto con algunas otras personas, en contra del peso del piano.

El Espíritu Santo ayuda. El asume o toma para sí [la tarea] junto con nosotros en contra de la debilidad. Si nosotros no la asumimos o tomamos para junto con, contra algo – El no tiene nada que hacer. Primero debemos asumir o tomar para [la tarea] junto con – entonces el Espíritu Santo nos ayudará.

Alguien me dijo una vez: "Desde que descubrí que el Espíritu Santo hace mi oración por mí, ya no hago demasiada oración".

Romanos 8:26 no dice que el Espíritu Santo hace nuestra oración por nosotros. El nos ayuda. Si el Espíritu Santo hiciera nuestra oración por nosotros, eso le haría a El responsable de nuestra vida de oración, y eso está en desacuerdo con la Biblia.

Lea lo que Jesús dijo en los Cuatro Evangelios respecto al Espíritu Santo. Por ejemplo: "Y yo rogaré al Padre, y os dará otro Consolador, para que esté con vosotros para siempre: el Espíritu de verdad, al cual el mundo no puede recibir, porque no le ve, ni le conoce; pero vosotros le conocéis, porque mora con vosotros, y estará en vosotros. No os dejaré huérfanos; vendré a vosotros...Mas el Consolador, el Espíritu Santo, a quien el Padre enviará en mi nombre, él os enseñará todas las cosas, y os recordará todo lo que yo os he dicho" (Juan 14:16-18,26).

La palabra griega *Paraclete* traducida aquí como "Consolador" significa literalmente *"uno llamado al lado para ayudar"*.

La Versión *Amplificada* de la Biblia da siete significados de la palabra: Consolador, Consejero, Ayudador, Intercesor, Abogado, Fortalecedor, Compañero.

El Espíritu Santo no es enviado para hacer el trabajo de los Cristianos en su lugar; Él es enviado para ayudarles a hacerlo.

Jesús le ordenó a los discípulos que permanecieran en Jerusalén hasta que fueran bautizados con el Espíritu Santo. Él les dijo: *"(...)recibiréis poder, cuando haya venido sobre vosotros el Espíritu Santo, y me seréis testigos(...)"* (Hechos 1:8).

Un significado del término griego que se tradujo aquí como poder es "habilidad". Otra manera de decirlo es: "Después que el Espíritu Santo venga sobre vosotros, recibiréis habilidad". ¿Habilidad para hacer qué?: Para ser testigos.

Ahora, el Espíritu Santo no va a dar testimonio – ustedes van a dar testimonio con Su habilidad.

De manera semejante el Espíritu Santo no hará sus oraciones por usted, sino que usted será capaz de orar con Su habilidad. Él lo ayudará a hacerlo.

Nosotros somos los responsables de nuestras vidas.

Nosotros somos los responsables de extender el evangelio.

Nosotros somos los responsables de orar. El Espíritu Santo es nuestro Ayudador.

Capítulo 12

El Espíritu Santo y nuestras debilidades

Y de igual manera el Espíritu nos ayuda en nuestra DEBILIDAD...

– Romanos 8:26

¿Qué significa la palabra "debilidad" en este lugar? El Diccionario Expositivo de palabras del Nuevo Testamento de W.E. Vine, define este término griego así: "falta de fuerzas, debilidad, indicando incapacidad para producir resultados".

Nuestras debilidades impedirían que nuestra oración produjera resultados, si no fuese por nuestro Ayudador Divino: el Espíritu de Dios.

Ignorancia

"La ignorancia es una debilidad", señala Reidt. "No siempre conocemos".

El enemigo se aprovechará de nosotros en las áreas en que tengamos ignorancia. Dios dice: "Mi pueblo fue destruido, porque le faltó conocimiento(...)" (Oseas 4:6). Asimismo, nos es imposible orar con exactitud, cuando no sabemos por qué orar. Por eso es que necesitamos que el Espíritu Santo nos "ayude" en esta debilidad. Pablo oró para que los Colosenses supieran (Y en su oración encontramos una clave sobre cómo orar por los hermanos Cristianos).

COLOSENSES 1:9
9 Por lo cual también nosotros, desde el día que lo oímos, NO CESAMOS DE ORAR por vosotros, y de pedir QUE SEAIS LLENOS DEL CONOCIMIENTO DE SU VOLUNTAD EN TODA SABIDURIA E INTELIGENCIA ESPIRITUAL.

La voluntad de Dios y la Palabra de Dios están conectadas.

Dios nos ha dejado Su Palabra escrita para revelarnos Su voluntad. Debemos renovar nuestras mentes con Su Palabra de manera que la primera cosa que llegue a nuestra mente en una situación dada, sea lo que Dios tenga que decir sobre el tema.

ROMANOS 12:2
2 No os conforméis a este siglo, sino transformaos por medio de la renovación de vuestro entendimiento, para que comprobéis cuál sea la buena voluntad de Dios, agradable y perfecta.

Dios nos ha dado Su Palabra. El Espíritu Santo toma esa Palabra y la trae a nuestra memoria.

Entonces conocemos la voluntad de Dios si conocemos la Palabra de Dios.

JUAN 14:26
26 Mas el Consolador, el Espíritu Santo, a quien el Padre enviará en mi nombre, él os enseñará todas las cosas, y os recordará todo lo que yo os he dicho.

Entonces, gracias sean dadas a Dios, por que en cosas que la Palabra no cubre, tenemos una unción del Santo.

1 JUAN 2:20
20 Pero vosotros tenéis la unción del Santo, y conocéis todas las cosas.

Percepción Sombría

La percepción sombría es una debilidad. Jesús se refirió a esto en Lucas 24:25 cuando dijo: "¡Oh insensatos, y tardos de corazón para creer todo lo que los profetas han dicho!".

– Reidt

Pablo oró, para que la iglesia en Efeso no fuera tarda para percibir.

EFESIOS 1:16-18
16 yo no ceso de dar gracias por vosotros, haciendo memoria de vosotros en mis oraciones,

17 para que el Dios de nuestro Señor Jesucristo, el Padre de gloria, OS DE ESPIRITU DE SABIDURIA y de REVELACION en el CONOCIMIENTO DE EL,
18 ALUMBRANDO LOS OJOS DE VUESTRO ENTENDIMIENTO, PARA QUE SEPAIS cuál es la esperanza a que él os ha llamado, y cuáles las riquezas de la gloria de su herencia en los santos.

(De nuevo, como en su oración por los Colosenses, la oración ungida por el Espíritu Santo de Pablo, nos muestra cómo podemos orar por nosotros mismos y por otros creyentes, para vencer la percepción sombría con respecto a las cosas del Señor).

El Espíritu Santo es dado para enseñarnos todas las cosas (Juan 14:26). Nos enseña directamente en nuestros propios espíritus. Pero también nos enseña por medio de maestros que conocen la Palabra de Dios. Dios puso maestros en su Iglesia (Efesios 4:11,12). No limiten la cantidad de conocimiento que ustedes pueden adquirir de Dios.

ROMANOS 15:14
14 Pero estoy seguro de vosotros, hermanos míos, de que vosotros mismos estáis llenos de bondad, LLENOS DE TODO CONOCIMIENTO, de tal manera que podéis amonestaros los unos a los otros.

¡Así es como Dios quiere que estemos!

Capítulo 13
La oración por los enfermos

Otra definición de la palabra que se ha traducido "debilidad" en Romanos 8:26 es: "debilidad del cuerpo, fragilidad, enfermedad".

A menudo es necesaria la oración contra esta debilidad.

Cuando enseño sobre la fe y la sanidad en las cruzadas y seminarios, sólo puedo cubrir un lado de ello. Las reuniones no son lo suficientemente largas para abarcar todo el cuadro. Por tanto, tengo un propósito en mente – llevar a las personas a creer en Dios ahora y a recibir de Dios ahora. Gracias a Dios, un cierto porcentaje de ellos pueden y quieren.

Sabemos – porque tenemos la Biblia, la cual nos imparte el conocimiento de Dios – que la sanidad ha sido provista para cada uno. Sabemos que la más alta y perfecta voluntad de Dios es que ningún creyente esté enfermo, sino que viva todo su tiempo aquí, hasta que su cuerpo se desgaste y duerma en Jesús.

Tenemos que presentar la voluntad perfecta de Dios o la gente no la conocerá. Pero también sabemos desde el punto de vista natural que por cierta cantidad de razones eso no sucede con todas las personas – inclusive con todos los hijos de Dios.

(Si no sucede, eso no significa que la gente no fue salva. No significa que las personas no fueron al cielo).

Sabemos por el Antiguo Testamento que Dios hizo un pacto con Israel.

> **EXODO 23:25,26**
> **25 Mas a Jehová vuestro Dios serviréis, y él bendecirá tu pan y tus aguas; y yo quitaré toda enfermedad de en medio de ti.**
> **26 No habrá mujer que aborte, ni estéril en tu tierra; y yo completaré el número de tus días.**

¿No era esa la voluntad perfecta de Dios? ¡SÍ!

Pero noten que era condicional.

¿Cuál era la condición? Que el pueblo caminase en Sus estatutos y guardase Sus mandamientos.

Mientras Israel guardó el pacto, no hubo enfermedad entre ellos. Ni los niños, ni los jóvenes murieron.

Pero luego la enfermedad y las dolencias los atacaron y el pueblo comenzó a morir joven. ¿Por qué? Porque no guardaron el pacto con Dios.

Inclusive en la casa del rey David, su niño se enfermó y el profeta predijo que el niño moriría (2 S. 12:14).

¿Cómo supo el profeta eso? Por el Espíritu de Dios.

La muerte del niño no era la voluntad perfecta de Dios, pero por causa del pecado, el pacto se rompió. El Espíritu de Dios dijo lo que sucedería, bajo esas circunstancias.

Lo mismo que aconteció con Israel, sucede hoy con las personas. Tenemos que decirle a las personas cuál es el plan de Dios, cuál es el pacto de Dios, y qué es lo que les pertenece. La sanidad es nuestra, la sanidad está en la expiación. Pero no todos están caminando en sus derechos del Nuevo Pacto.

A veces – si son bebés Cristianos auténticos – usted puede ejercer su fe en favor de ellos. Los puede llevar con su fe, durante cierto tiempo.

A veces es posible hacer que ellos estén de acuerdo con usted. Usted puede unir su fe con la de ellos en la oración de acuerdo (Mt. 18:19). Obra.

Pero hay algunos que no saben y que no comprenden por quiénes la oración debe ser hecha.

Un ministro denominacional que todavía pastoreaba su iglesia, me dijo cómo su esposa había sido sanada maravillosamente por el poder de Dios, después que la ciencia médica la había desahuciado. Su sanidad les trajo al Movimiento Carismático.

"Después que mi esposa fue sanada", dijo, "comenzamos a abrir nuestros ojos al bautismo en el Espíritu Santo". Fueron llenos del Espíritu y eran relativamente nuevos en las cosas del Espíritu cuando su esposa tuvo una experiencia en la oración en pro de la sanidad de alguien más.

Una joven esposa y madre de tres niños que asistía regularmente a la iglesia de este pastor, tenía que ser operada a corazón abierto. Murió en la mesa de operaciones. Después de algún tiempo fue resucitada, pero no recobró el conocimiento.

Los médicos dijeron que nunca recobraría el conocimiento, – y que además, estaba bien así, porque su mente jamás estaría bien; había estado sin oxígeno en el cerebro durante mucho tiempo.

El pastor me dijo: "Consolamos al joven esposo y oramos con él todo lo que pudimos – pero éramos tan nuevos en esto. Sin embargo, la esposa de este joven persistía en vivir".

El pastor me dijo: "La tercera noche me desperté y me di cuenta que mi señora no estaba en la cama. Después de un rato me levanté para buscarla. Oí algunos gemidos que venían de la sala. Pensé, se levantó, se cayó, y está herida. La encontré echada en el piso de la sala gimiendo".

El se puso al lado de ella y le dijo: "Cariño, ¿qué es lo que te pasa?" Ella le respondió: "No sé. No entiendo, pero simplemente no puedo dejar que ella muera; simplemente, no puedo dejarla".

Durante tres noches, cada noche, ella estuvo en el piso y gimiendo y orando en voz alta durante toda la noche.

En el cuarto día después que la esposa del pastor había orado por tres noches, súbitamente, esa joven señora en la cama del hospital, volvió en sí. Los médicos estaban admirados. Su mente estaba clara. Estaba perfectamente bien. Fue devuelta a su esposo e hijos.

Aunque la esposa de este pastor era nueva en esto, ella comenzó a orar por la joven mujer, más que todo porque el Espíritu de Dios le dio eso – no porque ella lo inventara.

Cuán dependientes somos del Espíritu Santo en nuestra vida de oración.

Al tratar con los enfermos, encuentro que muchas veces el Espíritu de Dios se une conmigo y ora a través de mí.

Y hay veces que he tratado de influenciar al Espíritu Santo, pero El no lo permite. Usted no puede lograr que el Espíritu Santo haga nada. En lugar de usar al Espíritu, permítale al Espíritu que lo use a usted.

Hace treinta años fui al pie de la cama de un hombre para orar por su sanidad. Ni siquiera pude decir la palabra “sana”. Yo decía : “Oh, Dios” y luego en vez de decir “sana” decía: “Bendice a este hombre”. Procuré hacer que mi lengua dijera “sana” y no me fue posible. No podía controlar mi lengua.

Dije: “Señor, ¿por qué no puedo orar por la sanidad de este hombre? No es lo suficientemente viejo como para morir. Tú nos prometiste un mínimo de 70 u 80 años”.

(En el Salmo 91, El dijo en realidad: “lo saciaré de larga vida”. Si no estamos satisfechos al final de 70 u 80 años, podemos seguir hasta que estemos satisfechos).

Pero el Señor me dijo: “Sí, pero él nació de nuevo hace 36 años. He estado esperando durante esos 36 años que deje de pecar” [¡Piensen en la paciencia de Dios!]. El nunca vivió en rectitud por dos semanas seguidas en esos 36 años. Así que lo juzgué y lo entregué a Satanás para la destrucción de la carne para que su espíritu pueda ser salvo en el día del Señor Jesús”.

(Eso está en la Biblia. Lea el quinto capítulo de Primera a Corintios, y la última parte del capítulo onceavo).

Luego el Espíritu Santo me dijo: “No puedes orar por su sanidad, pero puedes hacer esto. Dile que vas a imponerle manos para que sea lleno del

Espíritu Santo y sus últimos días serán mejores que los primeros".

Le dije lo que el Señor me manifestó. Cuando impuse mis manos en su frente, instantáneamente, comenzó a hablar en lenguas.

Me despedí y seguí mi camino. Cuando regresé después de un mes, estaba muerto y enterrado. Pero me dijeron que se había sentado en el lecho y cantaba y hablaba en lenguas durante tres días y tres noches. Luego tuvo una gloriosa ida a casa.

Esa no era la voluntad perfecta de Dios para él. Pero, en verdad, escapó de ir al infierno.

Salí y fui por la autopista en mi carro, llorando y cantando: "Gracia, gracia, la gracia de Dios. La Gracia que es más grande que todos nuestros pecados".

A veces he tratado de orar por personas y parecería como si corriera velozmente contra un muro en blanco, o por un callejón sin salida. No llegué a ninguna parte, porque el Espíritu Santo no me tomaba.

Identificación

A veces al orar por otros, en contra de enfermedades físicas, parecerá en el espíritu – literalmente, físicamente no es así – pero parecerá en el espíritu que la misma cosa se aferra a su cuerpo. Como ve, usted ha tomado la necesidad de otro y la a llevado ante Dios.

A veces me duele igual que a ellos. Si están enfermos de sus estómagos, me enfermo del estómago. Si no pueden respirar, lucho por respirar. Me estoy identificando con ellos. Por supuesto, esta es una operación del Espíritu y no algo a ser buscado en su vida de oración. Esta clase de manifestaciones solamente ocurren como le plazca al Espíritu Santo no como nosotros lo queramos.

Desde 1949, con sólo una excepción, cada vez que he orado en esa forma por los enfermos y he tomado sus síntomas, siempre han recibido su sanidad. Y en el caso de esa única excepción, Jesús apareció en escena y dijo: "He venido para curarle, pero él no me lo permitió".

Capítulo 14

¿Que es orar en el Espíritu?

Como orar en el Espíritu es tan importante, quise incluir este capítulo para explicarlo más completamente.

La oración efectiva en el Espíritu se puede hacer de dos maneras:

1. Con su propio idioma.

No se ha dicho mucho acerca de orar en su idioma conocido como una forma de oración en el Espíritu, pero es un plano de la oración que toma a una persona un paso más allá orando con su propio entendimiento.

Orar en el Espíritu en su idioma conocido ocurre cuando usted se hace más consciente de Dios y de las cosas espirituales, que de lo que lo está de su ambiente natural. Los veteranos acostumbraban a llamarlo estar "perdidos en el Espíritu". En el curso de tales momentos una persona puede ser tomada en oración hasta el punto de poder orar durante dos o tres horas y pensar que sólo han pasado diez minutos.

También es posible, que mientras ora en el Espíritu en su propio lenguaje conocido, diga cosas en oración que de otra manera nunca se le hubieran ocurrido. En realidad, usted está hablando bajo la inspiración divina, algo muy parecido a la inspiración que ocurre en el don de la profecía.

2. En otras lenguas.

¿Qué es orar en el espíritu?

EFESIOS 6:18
18 Orando en todo tiempo con toda oración y súplica EN EL ESPIRITU, y velando en ello con toda perseverancia y súplica por todos los santos.

¿Qué significa este versículo?: "Orando(...)en el Espíritu(...)"? (Ef. 6 : 18).

Hace muchos años me enfrenté a este interrogante, cuando era pastor Bautista. De alguna forma supe dentro de mí que cualquier cosa que fuese, yo no la estaba haciendo.

Quería saber. Pregunté a todo el que podía encontrar, qué significaba eso.

¿Saben ustedes lo que casi todos pensaban que era orar en el Espíritu? Simplemente creían que era orar con un poco más de energía, vigor y vitalidad.

Luego, también, la declaración escrita por Judas a los creyentes, me dejó perplejo.

JUDAS 20
20 Pero vosotros, amados, edificándoos sobre vuestra santísima fe, ORANDO EN EL ESPIRITU SANTO.

Yo mismo me pregunté: "¿Qué es orar en el Espíritu Santo?".

Cualquier cosa que fuese, sentí que no lo estaba haciendo.

Ahora mi cabeza me dijo que yo "estaba orando en el Espíritu" y "orando en el Espíritu Santo".

Pero mi corazón me afirmaba: "No lo estás haciendo".

Por tanto, me dediqué a encontrar lo que significaban en realidad esas expresiones.

Reflexioné: *Pablo está escribiendo aquí en Efesios donde él habla de "orar en el Espíritu". ¿Alguna vez dijo él alguna cosa en cualquier otra parte acerca de orar en el Espíritu? Si lo hizo, entonces dondequiera que lo mencione, tiene que hablar de la misma cosa.*

Así comencé a recorrer las referencias sobre esta frase en los escritos de Pablo. Ellas me llevaron al capítulo 14º de Primera a Corintios.

Ahora, yo no había entrado mucho al capítulo 14º de Primera a Corintios. El primer domingo de cada trimestre, predicaba sobre el capítulo 11º, precisamente antes que tomáramos la Cena del Señor.

Luego saltaba el capítulo 12º y predicaba sobre el amor en el capítulo 13º. Después, saltaba al capítulo 14º y predicaba sobre la Resurrección, en el capítulo 15º. Estaba casi asustado de los capítulos 12º y 14º.

Pero pude ver que si iba a enterarme acerca de orar en el Espíritu, tenía que ir allí, pues es allí que Pablo dijo algo sobre el particular. Encontré lo que dijo.

1 CORINTIOS 14:2
2 Porque el que habla en lenguas no habla a los hombres, sino a Dios; pues nadie le entiende, aunque por el Espíritu habla misterios.

¡En el Espíritu! ¡En el Espíritu! ¡En el Espíritu habla misterios! ¡Allí estaba de nuevo!

Ahora note algo adicional siguiendo por el capítulo:

1 CORINTIOS 14:14,15
14 Porque si yo oro en lengua desconocida, mi espíritu ora, pero mi entendimiento queda sin fruto.
15 ¿Qué, pues? Oraré con el espíritu, pero oraré también con el entendimiento; cantaré con el espíritu, pero cantaré también con el entendimiento.

Leamos esos mismos dos versículos de *la Biblia Amplificada:*

1 CORINTIOS 14:14,15 (*Amplificada*)
14 Pues si oro en una lengua [desconocida], mi espíritu [por el Espíritu Santo que está dentro de mí] ora, pero mi mente está improductiva - no lleva ningún fruto, no ayuda a nadie.
15 Entonces, ¿qué haré? Oraré con mi espíritu - por el Espíritu Santo que mora en mí; pero también oraré inteligentemente - con mi mente y mi entendimiento; cantaré con mi espíritu - por el Espíritu Santo que está dentro de mí; pero cantaré (inteligentemente) con mi mente y también con mi entendimiento.

Pablo dijo: "Oraré con mi espíritu, y oraré con mi entendimiento". Si orar en lenguas no fuese para nosotros hoy, entonces estaríamos extremadamente limitados al orar en el Espíritu.

Y sin embargo, somos seres espirituales. Necesitamos orar en nuestros espíritus y no tan sólo en nuestras cabezas.

Pablo está hablando en estos versículos acerca de dos clases de oración: oración mental y oración espiritual.

La oración mental con el entendimiento es orar con nuestras mentes. Mientras que esto es bueno y efectivo en muchas situaciones, parece que la Iglesia mundial, en su totalidad, ha procurado por mucho tiempo sobrevivir con sólo la oración mental.

Con todo, no podemos tener éxito apenas con la oración mental. ¿Por qué no? La Palabra de Dios nos da la respuesta en Romanos 8:26.

ROMANOS 8:26
26 Y de igual manera el Espíritu nos ayuda en nuestra debilidad; pues qué hemos de pedir como conviene, no lo sabemos, pero el Espíritu mismo intercede por nosotros con gemidos indecibles.

Hay veces en que no sabemos por qué orar. En esas oportunidades sería imposible con la sola oración mental conseguir hacer el trabajo. Se requiere la oración espiritual.

La oración espiritual es orar desde su espíritu con la expresión que da el Espíritu. Puede ser expresión en su idioma conocido, o en una lengua desconocida para usted o a veces en gemidos.

No siempre podemos entender toda la situación que rodea el asunto sobre el cual estamos orando. Pero el Espíritu Santo sí. Cuando le permitimos a El orar a través nuestro, para ayudarnos en nuestra vida de oración, podemos ver sorprendentes respuestas a nuestras oraciones.

Todo creyente lleno del Espíritu puede esperar que el Espíritu Santo le ayude a orar en el Espíritu.

A medida que cierro este capítulo, deseo concentrarme en una de las dos formas en que podemos orar en el Espíritu, y esa es la de orar en otras lenguas. Me gustaría compartir algunos de los beneficios y usos específicos de orar en el Espíritu y en otras lenguas.

Orar en lenguas para Magnificar a Dios

HECHOS 10:46
46 Porque los oían que hablaban en lenguas, y que magnificaban a Dios.

Orar en lenguas es un modo con el que podemos magnificar a Dios.

Por años como ministro, había orado y tenía tiempos maravillosos en oración. Acostumbraba ir al granero, y subir al pajar para orar y allí tuve momentos maravillosos de oración.

Pero salía de esas ocasiones desilusionado, aunque bendecido. Procuraba decirle a Dios cuánto le amaba. Usaba todos los adjetivos descriptivos a mi disposición, para decirle a Dios cuán maravilloso es Él. Agotaba mi vocabulario y dejaba ese sitio de oración, con mi espíritu sintiendo que no había dicho todo lo que quería decir. Mi espíritu se sentía engañado.

Ahora una de las cosas que más aprecio respecto a ser lleno del Espíritu Santo es orar en lenguas. Desde ese día en 1937 cuando fui lleno del Espíritu por primera vez, hasta hoy, he adorado y me he comunicado con Dios, orando y cantando en lenguas, cada día. Y nunca he dejado ese lugar de oración sintiendo no haber dicho lo que quería decir, pues mi espíritu era capacitado por el Espíritu Santo, que mora dentro de mí, para decir lo que quería decir.

Si ustedes aún no lo están haciendo así, les invito a entrar y comunicarse con Dios sobrenaturalmente. Dios quiere hacer mucho más por ustedes. El quiere comunicarse con ustedes en una forma mucho mejor. Conozcan el gozo de la comunión con el Señor en el Espíritu.

Orar en lenguas para Edificarse a sí mismo.

> **JUDAS 20**
> **20 Pero vosotros, amados, edificándoos sobre vuestra santísima fe, orando en el Espíritu Santo.**

> **1 CORINTIOS 14:4**
> **4 El que habla en lengua extraña, a sí mismo se edifica.**

Hay una fase de hablar en lenguas en nuestra vida de oración, que no es orar por alguien más; no es interceder por alguien más. Es simplemente un medio de edificación espiritual personal. Eso nos ayuda espiritualmente. Nos edifica. Nos construye. Todos necesitamos esta clase de oración. No podemos ayudar a otros; no podemos edificar a otros, a menos que nosotros mismos hayamos sido edificados.

Tomen ustedes tiempo para edificarse a sí mismos orando mucho en el Espíritu Santo con otras lenguas.

Las cosas espirituales son similares a las cosas naturales. Jesús usó las cosas naturales para explicar las cosas espirituales.

En lo natural, nadie será experto y hábil en algún área en la que no trabaje. En béisbol, por ejemplo, el buen bateador no consiguió su posición sin práctica de bateo.

De la misma forma, las cosas espirituales no caen sobre nosotros como las cerezas maduras caen del árbol. No seremos expertos en las cosas espirituales, a menos que les dediquemos tiempo.

Orar en lenguas le ayudará a usted a estar bien sensible a las cosas espirituales.

Orar en lenguas para Reposo

ISAIAS 28:11,12
11 porque en lengua de tartamudos, y en extraña lengua hablará a este pueblo,
12 a los cuales él dijo: Este es el reposo; dad reposo al cansado; y este es el refrigerio; mas no quisieron oír.

Orar en lenguas, es un reposo.

Howard Carter, que fue uno de los más reconocidos maestros del mundo Pentecostal dijo que orar en lenguas es una experiencia contínua para ayudarnos en la adoración a Dios. Es un manantial fluyendo que nunca se debe secar. Enriquecerá su vida espiritualmente, y le capacitará para ayudar a otros y para trabajar con Dios mismo en la consumación de su obra en la tierra, por medio de la oración.

Capítulo 15
Oración silenciosa

Cierto año mis dos hijos, Ken y Pat, estudiaban por correspondencia y mi familia viajaba conmigo. Teníamos una casa móvil de cuarenta y tres pies de longitud por ocho pies de ancho que remolcábamos con una camioneta "pickup".

Estábamos en California para una serie de reuniones, cuando una noche me desperté repentinamente. Me levanté y verifiqué las puertas del trailer pensando que alguien había entrado a la casa. Ellas estaban cerradas.

Observé a Pat. Ella dormía profundamente. Observé a Ken. Él estaba dormido. Regresé a nuestro dormitorio y mi esposa estaba durmiendo profundamente.

Entonces me acosté y comencé a orar en lenguas. No lo hacía en voz alta pero sí le daba expresión.

La Biblia habla de no molestar a otros en el servicio de la iglesia. *"Si habla alguno en lengua extraña, sea esto por dos, o a lo más tres, y por turno; y uno interprete. Y si no hay intérprete, calle en la iglesia, y hable para sí mismo y para Dios"* (1 Co. 14:27,28).

En otras palabras, que no hable en voz alta, sino que hable para sí mismo y para Dios. Usted puede sentarse allí y hablar para usted mismo y para Dios, sin molestar a nadie. Se puede susurrar calladamente o bien orar en su interior.

Esa noche, hice sonidos audibles, pero eran más bien un susurro.

Comencé a mirar en mi interior. Recogí de mi propio espíritu – mi espíritu está habitado por el Espíritu Santo y sabe cosas – que algo estaba mal con alguien en mi familia.

Dije: "¿Quién es, Señor?; ¿Qué está mal?".

Luego, por una intuición interior, no una voz sino por la intuición interior que todo Cristiano debe tener, supe que la vida de un miembro de la familia estaba en peligro. Ve usted, la Biblia dice que todos los que son guiados por el Espíritu Santo, son los hijos de Dios. Y el Espíritu de Dios nos da testimonio a nuestro *espíritu*; por tanto, debemos ser guiados por el testimonio del Espíritu Santo en nuestro espíritu, el cual nos hace conocer las cosas sobrenaturalmente

Dije: "Señor, no sé quién sea. No sé cómo orar como conviene. Pero voy a confiar en que el Espíritu Santo me ayuda a interceder". Reposé allí y oré por más de una hora en otras lenguas.

Luego tuve una nota de victoria. Supe que cualquier cosa por la que estaba orando, se había solucionado. Muy silenciosamente, canté en lenguas, y reí; después volví a dormir.

Ahora esto no sucede muy a menudo, pero justamente antes de despertarme al día siguiente, tuve un sueño.

(Dios le habla a usted a veces en sueños. Pero, para que nadie se confunda, permítanme decir lo siguiente. Cada vez que he tenido un sueño donde Dios me ha hablado, en el momento en que desperté, supe exactamente lo que él me estaba diciendo. Si usted piensa que Dios le habló en un sueño y tiene que ir corriendo por todo el país, para encontrar alguien que lo interprete, olvídelo. No fue Dios. Dios es un ser inteligente. Usted es una persona inteligente. Si él no puede hacerle comprender lo que está tratando de decirle, olvídelo. Algunas personas piensan, que todo sueñito que tienen, es Dios tratando de decirles algo. Y están todo el tiempo en confusión, tratando de resolver algo).

En este sueño supe que estaba en Shreveport, Louisiana. Estaba parado fuera de un hotel; vi el aviso que indicaba el nombre del hotel.

Repentinamente, estaba dentro del hotel. Mi hermano menor, Pat estaba allí (Ahora aunque él había sido salvo y aun lleno del Espíritu, se había apartado y no estaba viviendo para Dios). Vi que se enfermó, después de media noche, hacia las primeras horas de la mañana.

Llamó a la recepción para decirles que estaba enfermo. Luego se desmayó. Vi venir una ambulancia con luces rojas prendidas para llevarlo al hospital.

La escena cambió. Estaba de pie contra la pared del corredor de un hospital. Al otro lado del pasillo había una puerta. Estaba cerrada, pero supe que mi hermano se encontraba tras ella y supe que un médico estaba con él.

El médico salió y cerró la puerta tras sí. No me miró, pero se acercó frente a mí y dijo: "Está muerto".

En el sueño, le dije: "No; no lo está".

Luego el médico me miró y dijo: "Bueno, lo sé bien. He declarado a muchas personas muertas. Él está muerto".

Yo le Respondí: "No; no lo está".

Él me contestó: "¿Cómo lo sabe?".

Le respondí: "El Señor Jesús me lo dijo".

"Oh" me dijo él: "Usted es uno de esos locos. Ahora mismo le mostraré".

Giró rápidamente y abrió la puerta. Le seguí al interior. Sobre la mesa yacía el cuerpo con una sábana encima.

El médico jaló rápidamente la sábana y me dijo: "Mire ahora".

Miramos. ¡Y mi hermano parpadeó! El doctor miró más de cerca. Mi hermano estaba respirando.

El doctor me miró y me dijo: "Usted debe haber sabido algo que yo no sabía".

Le contesté: "Con toda seguridad que sí".

Me desperté sabiendo que eso era por lo que había estado intercediendo.

Eso sucedió en mayo. Seguimos predicando en California y terminamos en agosto. Al final de agosto, volvimos a nuestro hogar en Texas, después de haber estado quince meses por fuera.

No habíamos regresado ni 15 minutos – de hecho, Ken y yo aún estábamos estacionando el trailer en el patio trasero de la casa – cuando mi hermano, Pat, estacionó en la entrada.

Él me dijo: "Casi me muero mientras estabas fuera".

Le contesté: "Sí, lo sé. Fue este mayo, ¿no es así?

"Sí".

Le respondí: "Estabas en un hotel en Shreveport. Te enfermaste en la noche. Llamaste a la recepcionista y luego te desmayaste. Te llevaron rápidamente al hospital. Estabas inconsciente. El médico te dijo después que por un momento pensó que estabas muerto, ¿no fue así?".

"Sí", me respondió. "¿Quién te lo dijo? ¿Mamá?".

Le contesté: "No. No he visto a mamá. No he visto a nadie. Acabamos de llegar aquí hace veinte minutos".

Me preguntó: "¿Cómo lo supiste?".

Le conté mi experiencia.

Él dijo: "Eso es exactamente lo que sucedió".

¡Gracias Dios por el orar en lenguas! Esta forma de orar nos pertenece. Esta forma de orar es importante. Es importante para nuestras propias vidas espirituales y físicas. Es importante en la intercesión por otros y por la obra de Dios en la tierra. Y no pertenece sólo a los predicadores.

A veces la gente piensa que por tener que estar tan callados en cuanto al orar, en algunos sitios, eso no es tan expresivo, o tan bueno, o tan poderoso, o tan productivo, como lo sería de lo contrario. Pero sí lo es.

Oro en lenguas en los aviones. Oro muy calladamente, pero eso me edifica. Y hace mucho por mi espíritu. Ahora bien, usualmente no estoy intercediendo por nadie, sino simplemente adoro a Dios y me edifico espiritualmente. Aunque lo hago calladamente, es muy efectivo.

De la misma manera, mi oración intercesora por mi hermano fue igualmente efectiva mientras reposaba allí en la cama, al lado de mi esposa, esa noche en California, orando tan calladamente que no molestaba.

En otra ocasión estábamos predicando en Oregón. En la noche me desperté. Pensé que oí un portazo. En esta oportunidad mi esposa y yo estábamos en un trailer de viaje más pequeño. Me levanté y verifiqué las puertas; estaban cerradas.

Volví a acostarme y comencé a examinar al interior de mi espíritu. Sabía que se necesitaba oración, pero no tenía ninguna clase de intuición respecto a quién o por qué.

Dije: "Señor, no sé lo que es. Pero cualquier cosa que sea, o quienquiera que sea, alguien necesita ayuda. Tú dices en Romanos 8:26 que el Espíritu nos ayuda. Por tanto, ayúdame a hacer intercesión".

Me acosté allí y oré muy calladamente por casi dos horas. Mi esposa dormía a mi lado. Luego, comencé a reír y a cantar en lenguas. Recibí una nota de victoria. Supe que cualquier cosa que fuera, había alcanzado la victoria. Me volví a dormir.

En esta oportunidad no tuve sueño. No tuve idea qué fue.

Tres días más tarde, alguien vino de la oficina del estacionamiento de trailers diciendo que teníamos una llamada telefónica de urgencia de larga distancia.

Era mi hermana, Oleta, que llamaba desde Texas. Al principio, lloraba tanto que no podía entender lo que estaba diciendo. Por último, la tranquilicé y así pude saber lo que era.

Dijo que Dub, nuestro hermano mayor, se había roto la espalda. Una mujer la había llamado desde un hospital en Kansas. El esposo de la mujer estaba en la misma habitación con Dub y se iba a casa. A ella le preocupaba que nadie estuviera allí para atender a Dub. Él había tenido un accidente. Le habían puesto un chaleco de yeso debido a las fracturas de la columna y estaba en muy mal estado físico. Los médicos dijeron que no sabían si iba a tener éxito o no.

Oleta me dijo: "Voy a procurar ir allá, pero no puedo quedarme. ¿Qué vamos a hacer?, ¿Puedes venir?".

Me di cuenta que eso era por lo que había estado orando. Y supe que tenía la respuesta. ¿Cómo lo supe? Simplemente lo supe. No tuve ningún don del Espíritu en manifestación. Simplemente lo supe por un testigo interior.

Le Dije: "Oleta, simplemente olvídalo. Ni siquiera vayas a verlo. Va a tener éxito. Su columna vertebral quedará completamente bien. Ya he recibido la respuesta. De hecho, estará en la casa en unos cuantos días".

Y eso es lo que sucedió. Con los médicos diciéndole que no podía tener éxito, Dub se levantó tres días después, y se fue a Texas. Estaba en nuestra casa cuando regresamos.

Ni siquiera sabía por quién oraba aquella noche – pero el Espíritu de Dios lo sabía.

No sabía que había de orar.

Ahora me despierto cada noche y paso algún tiempo hablando en lenguas. Pero no estoy orando por alguien más. Simplemente estoy en comunión con el Señor. Simplemente estoy teniendo comunión con el Señor. Simplemente estoy adorando al Señor. Simplemente estoy edificando mi espíritu. Simplemente estoy edificándome a mí mismo. Pero cuando me despierto para hacer intercesión, sepa o no sepa de qué se trata, lo sé.

Habitualmente, me quedo allí calladamente y oro como les he indicado.

Algunos han preguntado: "¿Puede usted orar en lenguas con la mente, y nunca decir nada?".

En realidad, eso no es orar en lenguas – eso es pensar en lenguas.

Usted tiene que decirlo para orar. Usted puede decir la oración dentro de usted mismo, pero eso no es decirla en su mente, es decirla en su espíritu.

Usted puede decirla muy calladamente, pero todavía, la está diciendo. Y es efectiva.

Capítulo 16
Oración no tan silenciosa

Hay momentos en la oración en que usted se ve casi oblioado a decirla en voz alta. Tal presión crece desde el interior, y parece como que si no la dice, usted estallará.

Mi esposa y yo nos casamos en noviembre de 1938. Yo pastoreaba una pequeña iglesia del Evangelio Completo. No tenía residencia para el pastor. Yo había estado alquilando un cuarto y tomando alimentos, en casa de uno de los miembros.

Mi suegro, uno de los granjeros en la comunidad, dijo: "Cuando se casen, trasládense aquí. Tenemos mucho espacio y no tendrán que pagar por el alquiler ni por la comida. Esto les ayudará a iniciar su nueva vida".

Cuatro días después de casarnos pasé mis pertenencias a la enorme casa de la hacienda.

Más o menos a las nueve y media de esa noche, mi suegro dijo: "Tengamos nuestra oración familiar".

Eran Metodistas. Asistían a la iglesia del Evangelio Completo cuando vine a pastorearla, aunque no eran "Pentecostales".

Todos orábamos en voz alta en Inglés. Ellos no elevaban mucho el volumen. Y yo estaba tratando de estar callado.

Yo seguía teniendo un "impulso" de orar en lenguas y no sabía si les iba a gustar o no. Pero eso iba creciendo y creciendo y creciendo dentro de mí, hasta que finalmente eché a los vientos toda precaución; levanté mi voz y oré en voz alta en otras lenguas tan fuerte y rápido como pude.

Mantuve mis ojos fuertemente cerrados porque no quería verlos. Sencillamente proseguí con eso. Gemí y oré en lenguas.

Sé que pude haber evitado que empezara, pero una vez que usted se rinde al Espíritu, entra a un fluír sobrenatural y es difícil parar.

Después de orar de esa manera, durante 45 minutos, el Señor me habló. Sólo que no supe que era el Señor.

Vean ustedes, yo había sido lleno del Espíritu Santo menos de dos años antes. En aquellos días todo lo que nos enseñaban en los círculos Pentecostales era: Sé salvo y sé bautizado en el Espíritu Santo. Luego, lo dejaban a uno solo. Necesariamente teníamos que tropezar en cualquier cosa más allá de eso.

Pero ahora me doy cuenta que fue el Señor quien me habló estas palabras: "Impón tu mano sobre tu esposa y la llenaré con el Espíritu Santo".

Pensé: *"Bueno pero, ¿qué si yo impongo mi mano sobre ella y nada sucede?"*.

Así que me mantuve orando, pensando que eso desaparecería.

Y vino otra vez: "Impón tu mano sobre tu esposa y la llenaré con el Espíritu Santo".

Lo ignoré y continué orando.

La tercera vez: "Impón tu mano sobre tu esposa y la llenaré con el Espíritu Santo".

Abrí mis ojos y vi a mi suegro arrodillado a mi derecha, y luego a mi esposa postrada a mi izquierda, y después a mi suegra al otro lado de mi esposa.

Sé que lo que hablé es incredulidad, pero Dios tolerará un poquito de incredulidad en usted cuando no sabe algo mejor. Pero usted no puede continuar así más tarde. Esto era nuevo para mí

Dije: "No hará ningún daño ensayarlo".

Entonces estiré mi mano izquierda y la puse sobre su cabeza.

Ella no había sido enseñada. Nunca buscó el bautismo del Espíritu Santo ni un solo día de su vida. No le dije que hiciera nada. Sólo puse la mano sobre su cabeza, y al instante que la toqué levantó ambas manos automáticamente y comenzó a hablar fluídamente en lenguas.

Miré el reloj para ver la hora. Habló en lenguas durante una hora y media y cantó tres canciones en otras lenguas. ¡Tuvimos Pentecostés en ese hogar Metodista!

Alrededor de la medianoche el Espíritu de Dios me habló con la misma voz y me dijo cómo tratar con mi suegra para que fuera sanada. Ella tenía un bocio doble. Había alistado su maleta para entrar al hospital a la mañana siguiente para someterse a la cirugía.

No tenía fe para sanidad. Eso era obvio. No hubiese tenido lista la maleta para ir al hospital si estuviese expectante a ser sana.

Pero el Espíritu del Señor me dijo qué hacer para que fuera sana.

Lo hice. El obró. Y ella lo fue. Nunca tuvo la operación.

Después me di cuenta de lo que en realidad sucedió aquella noche. Lo que estaba haciendo en el Espíritu era orar por mi esposa y por mi suegra.

El Espíritu de Dios me guió a orar por ellas. Oré en otras lenguas y con gemidos indecibles, tan rápido y tan fuerte como pude durante 45 ó 50 minutos. Concluí cantando en lenguas y riendo en mi espíritu. Más o menos en ese momento el Señor, por el Espíritu, dijo: "Impón tu mano sobre tu esposa y la llenaré". Luego me dijo cómo proceder con mi suegra, y aquella parte del bocio en el exterior bajó como cuando usted mete un alfiler en un globo.

Capítulo 17
Gemidos en el Espíritu

Una forma en la que el Espíritu Santo nos ayuda en la oración es con gemidos y también mediante la oración en otras lenguas.

Las personas citan con mucha frecuencia Romanos 8:26,27, con respecto a la parte del Espíritu Santo en la intercesión. Sin embargo, citar estos dos versículos solos, no da su significado completo. Ellos están ligados a los versículos que les anteceden.

Transcribiré el pasaje completo aquí, con mayúsculas para mostrar continuidad:

> **ROMANOS 8:22-27**
> **22 Porque sabemos que toda la creación GIME a una, Y A UNA ESTA CON DOLORES DE PARTO** [Mantenga eso en mente; todos estos versículos hablan de gemidos] **hasta ahora;**
> **23 y no sólo ella, SINO QUE TAMBIÉN NOSOTROS MISMOS, que tenemos las primicias del Espíritu, NOSOTROS TAMBIÉN GEMIMOS DENTRO DE NOSOTROS MISMOS, esperando la adopción, la redención de nuestro cuerpo.**
> **24 Porque en esperanza fuimos salvos; pero la esperanza que se ve, no es esperanza; porque lo que alguno ve, ¿a qué esperarlo?** [Esto no está hablando del nuevo nacimiento. Es escrito para personas

ya nacidas de nuevo. Está hablando de la esperanza de la plenitud de la redención cuando tengamos un cuerpo nuevo].
25 Pero si esperamos lo que no vemos, con paciencia lo aguardamos.
26 Y DE IGUAL MANERA [o en la misma forma, el Espíritu Santo nos ayuda con gemidos] **EL ESPIRITU NOS AYUDA EN NUESTRA DEBILIDAD; pues qué hemos de pedir como conviene, no lo sabemos, pero el Espíritu** mismo **INTERCEDE POR NOSOTROS CON GEMIDOS INDECIBLES.**
27 Mas el que escudriña los corazones sabe cuál es la intención del Espíritu, PORQUE CONFORME A LA VOLUNTAD DE DIOS INTERCEDE POR LOS SANTOS.

Toda la creación gime y sufre con dolores de parto. La máxima conciencia del dolor reside en Dios a causa de su perfecto amor. Por medio de nuestra comunión con Dios somos traídos a comunión con la creación que sufre. Nuestra conciencia del gemido de la creación es mucho más aguda que cuando estábamos fuera del reino de Dios, porque estamos unidos a Dios por medio de nuestro Señor Jesucristo (Juan 15:5).

El Espíritu Santo interpreta para nosotros la conciencia de Dios del sufrimiento y hace intercesión con gemidos indecibles.

– Reidt

El difunto P.C. Nelson fue un notable lingüista. Hace algo así como 30 años, una revista secular le llamó la autoridad más grande de ese día en

Griego y la segunda autoridad en Hebreo. Podía leer y escribir 32 idiomas.

Nelson dijo que el término Griego en Romanos 8:26 en realidad significa: “con gemidos que no se pueden decir en un lenguaje articulado”.

Ellos salen de la boca – pero no en un hablar articulado. El lenguaje articulado es su forma normal de hablar. Esos gemidos – y lo conozco tanto por la Biblia como por la experiencia – salen de su interior, de su espíritu, pero para que sean efectivos deben salir de sus labios.

De nuevo es el Espíritu Santo ayudándole a orar. Es sólo que usted no puede expresarlos en sus propias palabras.

La Nueva Versión Inglesa de la Biblia lo traduce: “(...)por medio de nuestros gemidos inarticulados el Espíritu Santo mismo está rogando por nosotros”.

La traducción de *Phillips* los llama “(...)anhelos agonizantes que nunca encuentran palabras”.

> Podemos no saber cómo o qué pedir en oración de manera que nuestra oración corresponda a nuestras necesidades verdaderas. El Espíritu Santo nos mueve con gemidos que no podemos expresar en palabras y nos ayuda a dirigir nuestros deseos hacia los objetivos adecuados. También, como una parte de los gemidos, nos ayuda a ser específicos. Estos gemidos, suspiros, están

> de acuerdo con la voluntad de Dios y expresan Su cuidado hacia nosotros. Aunque no podemos entender los gemidos (Griego: suspiros), son inteligibles para Dios. El siempre responde.
>
> En circunstancias o condiciones adversas, el Espíritu Santo intercede con gemidos.
>
> – Reidt

He notado en mi propia vida que a veces transcurre tiempo y no tengo mucho de esto. No hay una necesidad particular de ello en el momento. Pero luego, en tiempo de circunstancias o de condiciones adversas, esos gemidos comienzan a crecer dentro de mí – ese es el Espíritu Santo ayudándonos a orar.

Usted se rinde al Espíritu en oración y Él lo usa a usted en este respecto.

Tome nota de las palabras: "de igual manera" en Romanos 8:26. Eso significa "en la misma forma".

¿En la misma manera como qué? En la misma manera como lo que fue dicho antes.

En otras palabras, tal como toda la creación gime y está con dolores de parto; inclusive nosotros gemimos dentro de nosotros mismos. *"DE IGUAL MANERA el espíritu nos ayuda en nuestra debilidad(...) e intercede por nosotros con gemidos indecibles* (Ro. 8:26).

Hasta que todo esto llegue a estar en armonía completa con la voluntad de Dios, como dijo Wilford Reidt:

> Siempre habrá la necesidad de que el Espíritu Santo interceda con gemidos. Podemos conocer la voluntad de Dios, pero sólo el Espíritu Santo conoce cómo presentar efectivamente la necesidad. Hay circunstancias en las cuales no estamos seguros de cómo orar. Necesitamos el gemido del Espíritu Santo en la intercesión.
>
> – Reidt

Capítulo 18
La iglesia que ora

De manera que si un miembro padece, todos los miembros se duelen con él . . . .

– 1 Corintios 12:26

La oración efectiva trae liberación. Somos miembros los unos de los otros. Como el Cuerpo de Cristo y como miembros, debemos participar en las sanidades de los demás. Debemos llorar con quienes lloran – luego regocijarnos con quienes se gozan (Ro. 12:15).

ROMANOS 15:1
1 Así que, los que somos fuertes debemos soportar las flaquezas de los débiles, y no agradarnos a nosotros mismos.

¿Cómo llevamos las flaquezas de los débiles? Para contestar este interrogante, debemos también preguntar el significado de "soportar" y de "flaquezas".

"Soportar" quiere decir levantar, pero con la idea de quitar.

"Flaquezas" en este contexto tiene que ver con "un escrúpulo de conciencia". Por tanto, no es algo físico, sino algo erróneo en sus creencias.

– Reidt

En los pasajes cercanos, Pablo discutía el hecho de que algunos sentían que estaba mal comer carne, porque a veces la sangre de animales que se vendía en el mercado como carne, había sido ofrecida a los ídolos.

Pablo dijo que sólo hay un Dios y que estas carnes no fueron ofrecidas a nuestro Dios Padre. Pero si aún comer carne ofrecida a los ídolos hacía que su hermano se ofendiera, él no la comería mientras el mundo permaneciera. Luego él da Romanos 15:1.

Un escrúpulo de conciencia está involucrado. Ellos eran hermanos, pero eran débiles. Nuestras oraciones en favor de ellos pueden ayudar a traerlos a que se den cuenta de la verdad.

Las Oraciones En Efesios

Efesios 1:17-23 y 3:14-21 son oraciones dadas por el Espíritu Santo que se aplican a la Iglesia en todas partes.

El punto clave en mi vida vino cuando las oré mil o más veces por mí mismo. Me arrodillaba, abría la Biblia, y decía: "Padre, estoy orando estas oraciones por mí mismo. Por ser dadas por el Espíritu, deben ser Tu voluntad para mí, así como fueron Tu voluntad para la iglesia de Efeso...".

Luego seguía con las oraciones tal como dicen excepto que donde Pablo decía, "vosotros", la cambiaba por "mí" en esta forma:

> Dios de nuestro Señor Jesucristo, el Padre de gloria,
> Dame espíritu de sabiduría y de revelación en el conocimiento de El,
> alumbrando los ojos de mi entendimiento,
> para que sepa cuál es la esperanza a que El me ha llamado, y cuáles las riquezas de la gloria de su herencia en los santos,
> y cuál la supereminente grandeza de su poder para conmigo que creo, según la operación del poder de su fuerza,
> que obró en Cristo, al resucitarle de los muertos y sentarle a su diestra en los lugares celestiales...

Después de más o menos seis meses, la primera cosa por la que oraba comenzó a suceder. Comenzó a venir la revelación de la Palabra de Dios.

Ahora así es como obraron esas oraciones cuando las oré por mí. El tema de este libro es oración – tanto por uno mismo como por otros. En consecuencia, también he orado estas mismas oraciones al interceder por Cristianos que no ven ciertas verdades Bíblicas.

Oro estas oraciones por ellos, cada mañana y cada noche. Uso sus nombres así:

> Señor, hago esta oración por Pepe. Dios de nuestro Señor Jesucristo, Padre de gloria, dale a Pepe espíritu de sabiduría y de revelación en el conocimiento de El.
>
> Te suplico que alumbres los ojos del entendimiento de Pepe, para que sepa cuál es la esperanza a que El lo ha llamado, y cuáles las riquezas de la gloria de su herencia en los santos...

Oré diez días por un pariente, mañana y noche. Sin ningún maestro humano que le enseñara (el era un Cristiano lleno del Espíritu), me escribió: "Es sorprendente cómo las cosas han comenzado a abrirse para mí. Estoy empezando a ver aquello sobre lo que has estado hablando".

Vean ustedes, ya Dios nos ha bendecido con toda clase de bendiciones espirituales en los lugares celestiales en Cristo Jesús, (Ef. 1:3). Algunos Cristianos simplemente no lo saben, de modo que no pueden tomar ventaja de ello. Sufren la debilidad de no saber.

Podemos hacer estas oraciones en Efesios por ellos. Es necesario permanecer con ella – mañana y noche, y más a menudo si es posible.

Llevando Uno Las Cargas De Otro

GALATAS 6:2

2 Sobrellevad los unos las cargas de los otros, y cumplid así la ley de Cristo.

La oración es involucrada en llevar las cargas unos de otros.

Recordemos que "sobrellevar" significa levantar con la idea de quitar. La oración es una forma en que podemos levantar, con la idea de quitar las cargas que lleva la gente.

HEBREOS 12:1,2
1 Por tanto, nosotros también, teniendo en derre-
dor nuestro tan grande nube de testigos, despojé-
monos de todo peso y del pecado que nos asedia, y
corramos con paciencia la carrera que tenemos
por delante,
2 puestos los ojos en Jesús, el autor y con-
sumador de la fe, el cual por el gozo puesto
delante de él sufrió la cruz, menospreciando el
oprobio, y se sentó a la diestra del trono de Dios.

Esto habla de dos cosas que estorban a los Cristianos en la carrera que estamos corriendo – carga y pecado (Lo que puede ser carga para alguien, puede no ser carga para otro).

Podemos ayudar a otros compañeros creyentes para que corran mejor sus carreras, al ayudarlos a levantar esas cargas por medio de la oración. No necesitamos criticarlos; necesitamos orar por ellos.

Cuando tomamos nuestros lugares en la oración el uno por el otro estamos ayudando al cuerpo entero a llegar a la madurez.

Capítulo 19

Hasta que Cristo sea formado en usted

Hijitos míos, por quienes vuelvo a sufrir dolores de parto, hasta que Cristo sea formado en vosotros

– Gálatas 4:19

Pablo había sufrido dolores de parto – gemido y orado en otras lenguas por estas personas, y nacieron de nuevo (Dolores de parto lleva la idea de una mujer que está de parto, con dolor, agonía, y gemidos).

Ahora Pablo dice que está sufriendo dolores de parto otra vez, hasta que Cristo sea formado en ellos.

Tuvo dolores de parto por ellos, como pecadores, para que nacieran al Reino de Dios – ahora él está sufriendo dolores de parto por ellos como Cristianos, para que puedau llegar a madurar, para que puedan crecer y no ser bebés Cristianos.

Hay una semejanza entre el crecimiento espiritual y el crecimiento físico. Nadie nace como un humano totalmente desarrollado. En lo natural, las personas nacen como bebés y crecen. Nadie nace como un Cristiano maduro. Nacen como bebés. Luego deben crecer espiritualmente.

La Biblia dice: *"desead, como niños recién nacidos, la leche espiritual no adulterada, para que por ella crezcáis para salvación"* (1 Pedro 2:2).

Estas iglesias de Galacia estaban tratando de retroceder hacia la ley, en lugar de andar en gracia. Pablo estaba alarmado. Así que él estaba orando, y sufriendo dolores de parto, para que maduraran y crecieran.

Epafras hizo lo mismo por los Cristianos de Colosas y por los que estaban en Laodicea y Hierápolis.

COLOSENSES 4:12,13
12 Os saluda Epafras, el cual es uno de vosotros, siervo de Cristo, siempre rogando encarecidamente por vosotros en sus oraciones, para que estéis firmes, perfectos [maduros] y completos en todo lo que Dios quiere.
13 Porque de él doy testimonio de que tiene gran solicitud por vosotros, y por los que están en Laodicea, y los que están en Hierápolis.

La Versión Centenary del Nuevo Testamento traduce el versículo 12 así: "Les saluda Epafras, uno de ustedes, esclavo de Cristo, que siempre está en agonía por ustedes en sus oraciones, para que ustedes se puedan mantener firmes, madurar, y estar completamente seguros en todo lo que es la voluntad de Dios".

Recuerdo particularmente la experiencia maravillosa que una joven tuvo con Dios, cuando pasó al altar durante una reunión de avivamiento que estaba dirigiendo. Ella fue salva gloriosamente y gloriosamente bautizada en el Espíritu Santo. ¡Oh , Qué brillo el que había en su rostro.

Un poco menos de un año después, regresé a esa área y pregunté por ella, debido a la muy inusual y maravillosa experiencia que había tenido con Dios.

Contestaron con las caras tristes, y fruncidas: "Oh; ella se ha apartado".

Comenté: "¡Oh!, Aborrezco eso".

Respondieron: "Nosotros también".

Luego, muy claramente, el Espíritu de Dios habló en mi interior y dijo: "Sí; y la iglesia es culpable por eso. La iglesia es responsable de ello".

No pude entender eso por muchísimo tiempo. ¿Cómo pudo la iglesia ser responsable por el apartarse alguien?

Entonces lo vi en Gálatas 4:19: *"Hijitos míos, por quienes vuelvo a sufrir dolores de parto, hasta que Cristo sea formado en vosotros".*

Ustedes ven, esa iglesia simplemente la vio que fue salva y bautizada en el Espíritu Santo. Entonces dijeron: "Bueno, ahora ella lo ha logrado".

Pero ella era bebé. Ellos debieron haber continuado sosteniéndola en oración. Como no lo hicieron, cuando llegue el Día del Juicio, Dios imputará responsable a esa iglesia. El va a requerir, de cada una de las iglesias, responsabilidad por los bebés nacidos en sus altares.

La pregunta será: "¿Qué hicieron con ellos?; ¿Les enseñaron?; ¿Siguieron en oración por ellos?; O, si cometieron algún error, ¿los derribaron al suelo y les dijeron: ¿'Tú gallinazo renegado, una de dos, te pones bien con Dios o te vas de aquí'?".

Mientras las personas son bebés espirituales, alguien tiene que guiarlos. Alguien tiene que alimentarlos. Alguien tiene que cuidarlos.

Este es un lugar donde la oración entra.

Los creyentes más antiguos, necesitan sostenerlos en oración mientras están aprendiendo a caminar.

Cuando mis hijos o mis nietos caían, mientras comenzaban a andar, no los golpeaba. Los sostenía, los amaba, y les decía: "Cariño, solamente insiste. Aprenderás".

En muchos casos, al orar por los Cristianos, tal trabajo de parto no es necesario, porque no están tan fuertemente atados como la iglesia de Galacia parecía estarlo.

Aprendan a escuchar al Espíritu de Dios y a orar como Él dirija.

Capítulo 20

Oración por aquellos que están en pecado

Que cuando vuelva, me humille Dios entre vosotros, y quizá tenga que llorar por muchos de los que antes han pecado, y no se han arrepentido de la inmundicia y fornicación y lascivia que han cometido.

– 2 Corintios 12:21

Ya hemos visto que debemos volver a tener dolores de parto cuando sea necesario para que Cristo sea formado en los creyentes.

Pablo dijo aquí que "tendría que llorar" por muchos que han pecado y no se han arrepentido. Necesitamos hacer intercesión por aquellos que han pecado y no se han arrepentido.

Corinto era una de las ciudades más licenciosas e inmorales en aquella parte del mundo. Los mismos espíritus que prevalecían en la ciudad, entraron en la iglesia. Cuando Pablo citó la inmundicia, fornicación y lascivia, estaba hablando de impurezas sexuales. Personas en la iglesia habían hecho estas cosas y no se habían arrepentido.

La palabra Griega que se tradujo "llorar" tiene el significado de afligirse; es el sentimiento o el acto de afligirse. Aquí llorar las incluye ambas, el sentimiento y el acto de afligirse. El acto de afligirse es una respuesta en la oración intercesora.

La versión de Worrell arroja luz sobre lo que Pablo da a entender:

2 CORINTIOS 12:21 (*Worrell*)
21 A fin de que, cuando vuelva, mi Dios me permita humillarme ante ustedes, y lamentaré por muchos de esos que hasta ahora han pecado y no se han arrepentido de la impureza, la fornicación y la lascivia que practicaron.

Vivimos en un mundo y una época de permisividad e inmoralidad. Muchas cosas como la homosexualidad, vivir juntos sin matrimonio, y toda de esta clase, han salido de lo oculto.

Parece que la Iglesia ha guiñado el ojo a algunas de estas cosas. Pero debemos sentir por el pecado lo mismo que Dios siente.

> El pecado es una violación de la voluntad de Dios. Dios está perpetuamente en guerra contra el pecado. Nosotros usamos pecado en su sentido más amplio que incluye la iniquidad y la transgresión (1 Juan 3:4; 5:17). El pecado conduce a la muerte (Santiago 1:13-15). La muerte es separación de Dios. No estamos hablando de muerte física.

El pecado es siempre horrible. Algunos hombres de Dios, han expresado sus sentimientos acerca de él en un lenguaje fuerte. Crisóstomo (347-407 D.C.) dijo: "Predico y creo que es más amargo pecar contra Cristo que sufrir los tormentos del infierno". Anselmo (siglo 11) expresó: "Si el infierno estuviera en un lado, y el pecado en el otro, preferiría mejor saltar al infierno que voluntariamente pecar contra mi Dios".

¿Dónde están los héroes "que han resistido hasta la sangre, combatiendo contra el pecado"? (Hebreos 12:4).

...Sólo conocemos la apreciación del pecado por Dios, por la magnitud del sacrificio que El ha provisto para expiarlo: ¡Su Hijo!

– Reidt

2 CORINTIOS 5:10,11
10 Porque es necesario que todos nosotros comparezcamos ante el tribunal de Cristo, para que cada uno reciba según lo que haya hecho mientras estaba en el cuerpo, sea bueno o sea malo.
11 Conociendo, pues, el temor del Señor, persuadimos a los hombres; pero a Dios le es manifiesto lo que somos; y espero que también lo sea a vuestras conciencias.

Dios es amor. Yo predico fe – y la fe que obra por el amor – así que tengo que predicar amor. Pero si no somos cuidadosos, predicamos de tal modo que la gente olvida que Dios es también un Dios de juicio. Él también es Dios de juicio. El pecado tiene una penalidad.

Pablo se afligía por los Cristianos de Corinto que habían pecado y no se habían arrepentido. No es extraño. Deberíamos afligirnos por aquellos entre nosotros que están en la misma situación.

Wilford Reidt escribió: "Lo horroroso del pecado y sus consecuencias nos deberían motivar a interceder por los hombres".

Luego, además, entre la categoría de pecado, Dios suministró una lista en Apocalipsis 21:8. El registró el temor y la incredulidad, en el comienzo de la lista – aun antes del homicidio.

Él ver a nuestros hermanos cautivos en estas redes de temor, incredulidad, duda, falta de perdón, preocupaciones, etc., debería hacernos interceder por ellos.

Capítulo 21
Oración por liberación

Por lo demás, hermanos, orad por nosotros, para que la palabra del Señor corra y sea glorificada, así como lo fue entre vosotros, Y PARA QUE SEAMOS LIBRADOS de hombres perversos y malos; porque no es de todos la fe. Pero fiel es el Señor, que os afirmará y guardará del mal.

– 2 Tesalonicenses 3:1-3

Este versículo dice: *"OREN por Nosotros (...) para que seamos librados (...)"*.

Para poder realizar el pedido de oración de Pablo, los Tesalonicenses habrían tenido que orar por la liberación y protección de Pablo.

Son muchos los relatos que conozco de primera mano – algunos de mi propia experiencia y otros de personas que conocemos en donde debido a la oración, gente fue liberada.

Wilford Reidt conoció personalmente a una señora a quien Dios despertó un día a las 2 de la madrugada para orar por su hijo. Sabía, por la urgencia del Espíritu, que algo estaba seriamente mal. No desechó esa urgencia, sino que se rindió a ella. Se entregó ardientemente a la intercesión hasta que la carga desapareció. Más tarde supo que en el momento en que Dios la llamó a interceder, el barco en el que estaba su hijo fue alcanzado por un rayo. Los médicos del barco de guerra dieron por muerto a su hijo – y colocaron su cuerpo junto con otros en un lugar para muertos. El los sorprendió poco tiempo después al revivir. El está vivo hoy porque su madre oró.

Oí al Hermano T., un antiguo ministro y misionero Pentecostal, relatar algo que pasó cuando él y su esposa Blanche, estaban en Africa como misioneros.

Los padres de su esposa vivían en una granja en los estados de Nueva Inglaterra. Su padre, el Hermano G., había sido un alcohólico perdido, muriéndose de cirrosis en el hígado, cuando fue llevado a una de las reuniones de la Hermana Woodworth-Etter y maravillosamente fue sanado, fue salvo y lleno del Espíritu Santo.

En el momento de este suceso, Blanche, la hija del Hermano G., y el esposo estaban en Africa, como misioneros. Una mañana, antes de la salida del sol, el Hermano G., iba al establo para ordeñar las vacas. A la mitad del camino entre el establo y la casa, alrededor de las cinco de la mañana dejó en el suelo las cubetas para la leche y regresó a la cocina.

La esposa lo miró desde donde preparaba el desayuno. "¿Qué está mal?; Te ves pálido. ¿Estás mal?".

Respondió: "No; no estoy enfermo".

Ella dijo: "¿Cuál es el problema?".

Contestó: "No sé qué es, pero algo está mal con Blanche. Su vida está en peligro. Oremos".

Cayó sobre el piso de la cocina y comenzó a gemir en el espíritu y a orar en lenguas.

Dieron las seis. Él continuaba orando.

Llegaron las siete. Él continuaba orando.

Ya eran las ocho. Las vacas gemían. Las gallinas cacareaban; los cerdos chillaban; ellos no habían sido alimentados. Todavía oraba, gimiendo y agonizando.

Las nueve. Las diez. Las once. El padre de Blanche, el viejo Hermano G., de 82 años, todavía no se levantaba del piso.

Las doce. La una. Él todavía oraba.

Dos de la tarde. Nueve horas sin parar, gimiendo, llorando, y orando. Luego, a las dos, la carga se levantó. Él rió y cantó en lenguas.

"Cualquier cosa que sea", le dijo a la esposa que oraba con él: "¡Lo hemos conseguido!".

Las comunicaciones no eran lo que son hoy. Con el paso del tiempo, llegó por barco una carta desde Africa.

Oí al Hermano T., contar lo que él le había escrito en esa carta a los padres de su esposa.

"Les escribí para contarles que Blanche contrajo una fiebre tropical", dijo.

Era la clase de fiebre que cuando usted la contrae, no sobrevive.

Contó cómo Blanche había en verdad descendido al lugar de lo muertos. De hecho, fue dada por muerta. Pero, súbitamente, ¡se levantó bien!

Finalmente, los padres de Blanche y el Hermano T., compararon notas. Teniendo en cuenta la diferencia de la hora, el momento preciso en que Blanche se levantó, fue a las dos de la tarde, cuando la carga dejó a su padre.

El padre de Blanche, el Hermano G., había luchado con esta carga de oración por nueve horas. Eso es persistencia. El había rehusado rendirse hasta que la carga desapareciera.

Ahora – aquí hay algo en lo que muchos han fallado. *Dios ayúdanos a verlo.*

Permítanme decirlo otra vez, enfatizamos la fe y la oración de fe esforzándonos para conseguir que las personas le crean a Dios "ahora" por su propia sanidad individual. Pero no queremos dejar la impresión de que esa es la única clase de oración.

En las cruzadas o en los seminarios, por ejemplo, procuramos dirigir a las personas a la posición de fe "ahora mismo" para recibir sus propias necesidades inmediatas. Tratamos con personas que se hallan allí para que sus propias necesidades individuales sean satisfechas.

Las leyes que gobiernan la operación de la oración de fe no rigen la operación de la oración intercesora.

La oración de fe se ora sobre todo por usted mismo.

No es frecuente que usted pueda orar - la oración de fe por alguien más a menos que se trate de genuinos bebés en Cristo. Usted puede llevarlos temporalmente con su fe, en algunos casos.

Si el Hermano G., no hubiese sabido algo sobre la oración que prevalece la oración que persiste hasta que la victoria es ganada – si él simplemente hubiese oído sobre la oración de fe, que es correcta y legítima, podría haber dicho a su esposa: "No sabemos qué es.

Pero cualquier cosa que sea, simplemente pongámonos de acuerdo en que Blanche estará bien".

Eso no habría obrado. Su hija, Blanche, habría muerto.

La oración de fe no siempre obra en cada ocasión. No está diseñada – si lo fuese, sería la única oración que necesitaríamos orar siempre. No necesitaríamos todas las demás clases de oración a que el Espíritu de Dios anima a la gente a orar por medio de la Palabra.

Siempre puedo hacer la oración de fe por mí mismo. Y yo hago eso. Pero no puedo hacer siempre la oración de fe por otra persona.

A veces puedo – si logro que esté de acuerdo conmigo. Y si él no está presente, ¿cómo puedo hacer que se ponga de acuerdo conmigo?

Por medio de la oración se han alcanzado grandes victorias.

Se han perdido grandes batallas porque no tomamos tiempo para orar.

En 1965 prediqué en una reunión de seis semanas en Oklahoma. Luego regresé a mi casa, cerca de Dallas, para resolver algunos asuntos antes de seguir a Kansas City para hablar en un banquete de los Hombres de Negocios del Evangelio Completo.

Cuando llegué a mi hogar, tuve una carga de orar por alguien. Tuve la impresión de alguien siendo lanzado de un automóvil. Pero tenía que atender a tantas cosas en un tiempo tan corto que me puse a pensar: *"Tengo que hacer esto, y aquello, y lo demás"*, y dejé que eso pasara de largo.

Oré silenciosamente. Pero debí haber tomado algo de tiempo para aquietarme, y estar a solas con Dios para cerciorarme *"¿Por qué me viene esto?, ¿Qué es esto?"*. Debí haber tomado tiempo para adentrarme al reino espiritual más allá del reino natural.

Llovía cuando partimos de Dallas el viernes. Teníamos cinturones de seguridad en el carro, pero nunca los usaba. Esta vez, me abroché el cinturón de seguridad.

Mi esposa dijo: "¿Qué es eso?". Ella sabía que nunca hacía eso.

Respondí: "No sé. Tuve la sensación que alguien salía arrojado del carro, y pensé que podríamos ser nosotros".

Oramos de una manera general y reclamamos protección.

Pasamos la noche en Tulsa con amigos. Cuando salimos el sábado en la mañana, aún llovía.

De nuevo, volví a ponerme el cinturón, porque no podía apartar esa sensación. Debí haber tomado tiempo para orar sobre ello, pero no lo hice.

Estábamos en Kansas City el sábado en la noche comiendo en el banquete, precisamente antes que tuviera que hablar, cuando alguien llegó con el mensaje que yo tenía una llamada de larga distancia.

Fui al teléfono. Nuestro hijo me comunicó que mi sobrina había tenido un accidente y que fue lanzada del carro a través del parabrisas. Los médicos no le dieron posibilidades de vida.

Eso era lo que Dios estaba tratando de decirme.

Hablamos sobre las veces que escuchamos – pero hay veces que no. ¿Por qué yo no había tomado tiempo? Estaba muy ocupado para enfrentar la responsabilidad. ¡Qué aterradora responsabilidad!A veces las vidas dependen de nuestra oración.

¿Qué habría sucedido si hubiese tomado tiempo para interceder? Ella habría evitado ese accidente.

¿Qué sucedió? Ella murió a los 25 años, dejando dos niños, de 3 y 5 años de edad.

En 1939, mi esposa y yo habíamos aceptado otro pastorado y nos habíamos trasladado, pero estábamos de regreso al área donde vivíamos antes, para visitar a mis suegros.

Fuimos con ellos a visitar un granjero vecino. El había estado muy enfermo, pero no habían descubierto exactamente qué estaba mal. Ellos sabían que era grave.

Las mujeres estaban en la casa. Este granjero, mi suegro y yo estábamos sentados en el pórtico del frente, hablando.

Dentro de mí, experimenté una carga, en realidad una agonía, de orar por este granjero. Mientras él y mi suegro hablaban, el hombre abrió la puerta por algo que dijo de tal manera que pude entrar directamente y decirle algo a él sobre el Señor. Pero no lo hice. Mantuve el silencio. Luego, la conversación cambió. Y no pude volver a ese punto. No le dije nada sobre su bienestar espiritual.

Pasamos otro día o dos con los parientes de mi esposa, y luego regresamos a nuestra casa. Un par de días después, mi suegra llamó y dijo que este hombre había muerto.

Lamenté por cierto tiempo no haber seguido la guía del Señor y no haberle dicho algo. Luego no volví a pensar sobre ello.

El domingo en la noche, como era nuestra costumbre, nos reunimos al pie del altar para orar durante quince minutos antes del servicio.

Di un paso fuera de la plataforma, me arrodillé, y apenas había cerrado los ojos ya estaba en el Espíritu. Vi ese hombre. Nunca lo olvidaré. Me tomó semanas olvidarlo. Me despertaba en la noche y lo veía. Vi a este hombre en el infierno. Vi las llamas del infierno que hervían alrededor de él. Oía sus gritos. Le oí clamar como lo hacía el rico cuando pedía agua para refrescar su lengua.

Luego vi a Jesús. Me señaló y dijo: "Te hago responsable de él. Te di una carga de oración y no oraste. Abrí la puerta para que hablaras y no hablaste".

"¡Oh, Dios mío!", clamé. Con lágrimas y de rodillas por más de hora y media, me arrepentí, llorando: "Oh Dios. Permite que eso se aparte de mí".

Esa noche no prediqué. Los demás no supieron qué estaba pasando.

> Nunca deberíamos tomar un impulso para orar ligeramente. Puede marcar la diferencia entre la vida y la muerte para algún otro soldado de la cruz.
>
> – Reidt

Capítulo 22

Intercesión por los perdidos

¿Quién oyó cosa semejante? ¿quién vio tal cosa? ¿Concebirá la tierra en un día? ¿Nacerá una nación de una vez? Pues en cuanto Sión estuvo de parto, dio a luz sus hijos.

– Isaías 66:8

Muchos han visto este versículo y han pensado que se refería tan sólo al renacimiento de Israel como nación. Sin embargo, la mayoría de las profecías del Antiguo Testamento, tienen una aplicación doble – primero en lo natural, luego en lo espiritual. Isaías está profetizando que Israel renacería como nación en lo natural, y que en lo espiritual, Sión estaría de parto, para dar a luz sus hijos.

¿Quién es Sión?

El Nuevo Testamento nos dice que el creyente del Nuevo Pacto no ha venido al monte Sinaí donde Moisés recibió los Diez Mandamientos bajo el Antiguo Pacto – sino que hemos venido al Monte Sión. Llama a la Iglesia, Monte de Sión.

HEBREOS 12:18-24
18 Porque no os habéis acercado al monte que se podía palpar, y que ardía en fuego, a la oscuridad, a las tinieblas y a la tempestad,

19 al sonido de la trompeta, y a la voz que hablaba, la cual los que la oyeron rogaron que no se les hablase más,
20 porque no podían soportar lo que se ordenaba: Si aun una bestia tocare el monte, será apedreada, o pasada con dardo;
21 y tan terrible era lo que se veía, que Moisés dijo: Estoy espantado y temblando;
22 SINO QUE OS HABEIS ACERCADO AL MONTE DE SION, a la ciudad del Dios vivo, Jerusalén la celestial, a la compañía de muchos millares de ángeles,
23 A LA CONGREGACION DE LOS PRIMOGENITOS que están inscritos en los cielos, a Dios el Juez de todos, a los espíritus de los justos hechos perfectos,
24 a Jesús el Mediador del nuevo pacto, y a la sangre rociada que habla mejor que la de Abel.

Noten que aquí se llama a la Congregación de los primogénitos, "Monte de Sión". Y nuestro texto en Isaías 66:8 dijo que; *"(...)en cuanto Sión estuvo de parto, dio a luz sus hijos"*.

GALATAS 4:19
19 Hijitos míos, por quienes vuelvo a sufrir dolores de parto, hasta que Cristo sea formado en vosotros.

Pablo está escribiendo a las iglesias de toda Galacia (Ga. 1:2). El menciona que tuvo dolores de parto para que ellos fueran salvos, al principio.

(Ahora, "de nuevo" él está sufriendo dolores de parto).

Hablamos de hacer conversiones. Dios no menciona conversiones – Él quiere nacimientos. *¡Usted debe nacer de nuevo!*

Usted no puede tener nacimientos, sin tener dolores de parto. El cuadro aquí es el de una mujer teniendo un bebé.

(Ahora, no quiero expresar que uno debe llegar al altar y tener un dolor de parto para nacer de nuevo. El bebé no se da nacimiento por sí mismo. Pero para que verdaderos nacimientos salgan del reino de las tinieblas y entren al Reino de la luz, alguna persona, en alguna parte, ha estado en dolores de parto).

> Pablo tuvo dolores de parto. Eso era una actividad espiritual. Es un sufrimiento intenso en el hombre interior. Es comparable con los dolores del nacimiento natural. Esto implica una intercesión verdadera. Yo tenía un amigo, ahora está con el Señor, que tenía dolores de parto en oración e intercesión hasta que usted pensaba que su corazón literalmente se iba a romper. Con seguridad es duro en el hombre exterior.
>
> – Reidt

Yo mismo he estado allí, una y otra vez. Podría dar un buen número de ejemplos; sin embargo, este es uno de los más sobresalientes.

Sucedió el primer viernes por la noche de diciembre de 1953 en Phoenix, Arizona, donde estaba realizando una reunión.

Durante la reunión, me alojaba en el hogar de una de las familias de la iglesia. Después del servicio del viernes en la noche, ellos invitaron a sus tres hijas casadas, y a sus esposos, a venir a casa para tomar refrescos y para tener un tiempo de visita.

Nosotros, los hombres, estábamos sentados en la sala charlando. Las mujeres estaban en la cocina, preparándose para servir los alimentos.

Repentinamente, tuve deseo de orar. Ahora no me mal entiendan; nadie me movió a hacerlo, pero había una carga al respecto. Un deseo intenso de orar simplemente pareció caer sobre mí.

Supe que estas personas entenderían tal cosa (Si ellos no lo hubieran entendido, me habría disculpado y me habría ido a la privacidad de mi dormitorio para orar). Entonces dije a nuestro anfitrión: "Tengo que orar, y tengo que orar ahora".

El hermano F. llamó a las damas en la cocina: "Olvídense de la comida en este momento. El Hermano Hagin tiene una carga para orar. Unámonos todos con él ahora".

Me arrodillé al lado de una gran silla en la sala. En el momento que mis rodillas tocaron el suelo, estaba en el Espíritu. Levanté mi voz orando en lenguas con gemidos.

Parecía como si en lo más profundo de mí estuviera tan adolorido que fuera a tener un bebé. En el parto hay dolor – hay gemidos.

Sabía que estaba intercediendo. Cuando ese espíritu de intercesión por los perdidos está sobre usted, sentirá dentro de su propio ser que está perdido. Usted sabe que no lo está. Usted sabe que es un hijo de Dios. Pero toma sobre sí la condición en que está la otra persona. Esa persona está perdida, Así que usted se siente perdido.

He tenido personas que se me acercan muchas veces y me dicen algo así como: "Hermano Hagin, sé que soy salvo y lleno del Espíritu Santo, pero a veces en el servicio, cuando Dios empieza a moverse, comienzo a sentir en mi interior como si yo mismo estuviese perdido. Cuando se hace el llamado al altar, me pregunto si debo ir al altar. Me pregunto si quizás no estoy bien con Dios".

"Eso es intercesión", les explico. "Eso es el Espíritu de Dios tratando de echar la carga de un alma perdida sobre alguien. El estaba buscando en la congregación para encontrar a alguien que pudiera usar".

"Cuando eso suceda otra vez, si usted no se puede contener, y el servicio continua, levántese y vaya a un lugar de oración. De lo contrario, siéntese allí calladamente y gima en su interior, hasta que la persona por quien usted intercede, responda al llamado de Dios".

En esta área hay algo que necesitamos volver a aprender. El arte de la intercesión es un arte perdido entre nosotros. En verdad nunca tendremos toda la profundidad del mover del Espíritu de Dios, sino hasta que tengamos esa clase de intercesión.

Oré ese viernes por la noche en Phoenix con gemidos y lágrimas, y en otras lenguas por aproximadamente una hora. Sabía que estaba intercediendo por alguien que estaba perdido. Y sabía que debía continuar hasta que tuviera una nota de victoria.

(Una nota de victoria – es cuando la carga se levanta y usted se siente, liviano, maravilloso y bendecido. O, cuando usted empieza a cantar en otras lenguas. O cuando usted empieza a reír en lugar de gemir. En otras palabras, usted obtiene lo que sea por lo que está orando).

Muy de vez en cuando, el Señor me permitirá saber por qué o por quién estoy orando. Ese viernes por la noche, Él me lo dejó saber. Me dio una visión.

Vi la iglesia donde estaba celebrando la reunión, llena de gente.

Me vi predicando en el púlpito.

Me oí a mí mismo predicar un sermón que jamás había predicado antes. Me oí dar cuatro puntos a este sermón (Tenía un sermón nuevo que prediqué el domingo siguiente por la noche).

Me vi terminar el sermón, luego inclinarme sobre el púlpito y señalar a un hombre sentado en la segunda silla desde el frente.

Me oí decirle, mientras lo señalaba: "Amigo, Dios me muestra que usted tiene más de 70 años y que ha sido educado para creer que no hay infierno. Pero Él me ordena decirle que usted tiene un pie en el infierno, y que el otro está deslizándose allí también".

Vi a ese hombre dejar la banca, venir y arrodillarse ante el altar y ser salvo. Supe que estaba haciendo intercesión por él. Supe que estaba teniendo dolores de parto en oración por él.

Las personas presentes se dieron cuenta que había visto algo. Así que me lo preguntaron. Les conté. Les describí al hombre. Les describí cómo estaba vestido.

El domingo siguiente por la noche todo sucedió exactamente como lo había visto el viernes anterior.

Esas personas que habían orado conmigo me dijeron después del servicio: "Hermano Hagin, teníamos ese hombre localizado antes que usted entrara al servicio. Estaba sentado donde usted dijo que estaría sentado. Estaba vestido en la misma forma como usted lo vio. Jamás lo habíamos visto antes". Nadie en esa iglesia lo había visto nunca. Por tanto, no habrían sabido por qué orar. Pero el Espíritu Santo sí lo sabía.

El hombre fue salvo junto con otras personas. Después del servicio se acercó para abrazarnos al pastor y a mí. Le dijo al pastor: "Este predicador dijo que yo pasaba de los 70. Tengo 72 años. Esta es la primera vez que he entrado en el edificio de una iglesia. El predicador dijo que fui criado para creer que no hay infierno. Mis padres eran Universalistas. Me enseñaron que no hay infierno".

"Este predicador me dijo que Dios le había ordenado decirme, que tenía un pie en el infierno y que el otro estaba deslizándose allí también. Sé exactamente lo que El quiso decir. Esa es una razón por la que vine a Phoenix. Soy de arriba en el norte, donde es frío. Pero tuve un severo ataque cardíaco y mi médico pensó que venir aquí ayudaría mi salud".

Alguien dijo: "Él fue salvo ese domingo en la noche". Sin embargo, en verdad sucedió desde el viernes anterior en la noche, cuando estaba teniendo dolores de parto.

¿Saben por qué bebés no nacen en las iglesias hoy? (Oh, algunas tienen una cantidad de conversiones, pero pocos nacimientos). Es porque no hay dolores de parto – no hay gemidos.

Y cuando algunas personas comienzan a tener dolores de parto y a gemir en oración, otras están listas para expulsarlas.

Hace años, ministré en una iglesia del Evangelio Completo que tenía varios centenares durante los servicios del domingo en la mañana. Y en las noches del domingo, el templo casi se llenaba. Tenían una querida anciana, la adorable abuelita Greer, que por aquella época pasaba de los 80 años. Ella había estado en los Pentecostales desde comienzos del siglo. Bien atrás alrededor de 1906 había recibido el bautismo en el Espíritu Santo. Sabía algo sobre tener dolores de parto y esperar en Dios (Los veteranos lo sabían). Ella oraba ante el altar, gimiendo y orando en otras lenguas, en el espíritu de parto – llevando toda la cosa, probablemente, sobre sus propias espaldas.

Tres años más tarde, regresé a esta misma iglesia. En lugar de estar el templo lleno durante los servicios del domingo en la mañana, tenían alrededor de 80 o 90 personas. En las noches de domingo tenían de 35 a 50.

Pregunté a alguien: "¿Qué sucedió?".

Uno de los miembros me dijo: "¿Se acuerda de la abuelita Greer?".

"Si".

"Bueno, ella estaba ante el altar como siempre lo hacía, y el nuevo pastor se levantó y dijo: 'No vamos a tener nada de eso por aquí'".

Él le puso un alto a eso. No tuvieron más bebés nacidos, porque no había dolores de parto. Cuando Sión está de parto, da a luz sus hijos.

Capítulo 23
Prevaleciendo en oración

Para prevalecer efectivamente en oración, su oración debe estar basada en la Palabra de Dios. La fe sólo puede comenzar donde la voluntad de Dios es conocida, y la Palabra de Dios es Su voluntad. En el capítulo noveno de Daniel versículo dos, vemos que Daniel se dio cuenta, al leer la Palabra de Dios, que el cautiverio de setenta años de Jerusalén, el cual había sido profetizado por Jeremías, estaba ya pronto a ser cumplido.

DANIEL 9:2
2 En el año primero de su reinado, yo Daniel miré atentamente en los libros el número de los años de que habló Jehová al profeta Jeremías, que habían de cumplirse las desolaciones de Jerusalén en setenta años.

Como resultado de lo que Daniel leyó en la Palabra de Dios, él dispuso su rostro para buscar al Señor con ayuno y oración. Sin embargo, pasaron tres semanas completas antes que un ángel viniera con la respuesta que Daniel estaba buscando.

La oración de Daniel fue oída el primer día en que oró. El ángel le dijo:

DANIEL 10:12
12 Desde el primer día que dispusiste tu corazón a entender y humillarte en la presencia de tu Dios, fueron oídas tus palabras; y a causa de tus palabras yo he venido.

En el siguiente versículo, el ángel reveló el secreto de por qué tomó tanto tiempo para que la oración de Daniel fuera contestada: *"Mas el príncipe del reino de Persia se me opuso durante veintiún días: pero he aquí Miguel, uno de los principales príncipes, vino para ayudarme(...)"* (v. 13).

Vayamos al primer versículo de este capítulo: *"En el año tercero de Ciro rey de Persia fue revelada palabra a Daniel(...)"*. Por tanto, estos sucesos son fechados como que sucedieron durante el tercer año del reinado de Ciro, *rey* de Persia. Ciro fue un hombre que se sentó en el trono del reino de Persia.

Pero en el versículo 13 el ángel dijo: "(...)el *príncipe* del reino de Persia se me opuso(...)". Este príncipe de Persia luchó en los lugares celestiales, contra el ángel mensajero de Dios. ¡El arcángel Miguel tuvo que venir como refuerzo para ayudar al ángel en llevar ese mensaje a Daniel!Este príncipe de Persia era un ser espiritual.

Vemos, de este pasaje, entre otros, que *hay un sistema de doble reino.*

Sobre la tierra hay un reino *visible* con gobernantes humanos. Pero, detrás de ese reino (o nación) terrenal está un reino *invisible* con un gobernante satánico.

Esto explica algo acerca de la tentación de Jesús:

LUCAS 4:5,6
5 Y le llevó [a Jesús] **el diablo a un alto monte, y le mostró en un momento todos los reinos de la tierra.**
6 Y le dijo el diablo: A ti te daré toda esta potestad, y la gloria de ellos; PORQUE A MÍ ME HA SIDO ENTREGADA, y a quien quiero la doy.

¿Qué poder está siendo discutido aquí?; ¡El poder de las naciones de este mundo!

Algunos han sugerido que el diablo no tenía ese poder o autoridad. Si así fuese, ¿Jesús no habría sabido eso y se lo habría dicho?

La Biblia afirma que esto fue una tentación. Si el diablo *no tenía* ese poder y autoridad, no podría haber sido una tentación – y el Hijo de Dios habría sido participante de una mentira y un fraude. Pero fue una tentación *verdadera*.

Entonces, ¿De dónde consiguió Satanás esa autoridad? ¿Se la dio Dios?

Dios hizo el mundo y su plenitud. Luego hizo a Adán, Su hombre. Y esto es lo que muchas personas – incluyendo ministros – no han entendido.

Dios dijo: "Adán, te doy dominio sobre todas las obras de mis manos" (Sal. 8:6). En un sentido, Dios le estaba diciendo: "Adán, tú eres el dios de este mundo. Gobiérnalo". *¡Dios le dio el mundo a Adán!*

Pero el Nuevo Testamento llama a Satanás el dios de este mundo (2 Co. 4:4). ¿Cuándo se convirtió Satanás en el dios de este mundo? Cuando Adán pecó. Fue cuando Adán cometió alta traición y se vendió a Satanás.

Observe lo que Satanás dijo a Jesús: *"(...) A ti te daré toda esta potestad, y la gloria de ellos;* [los reinos de todo el mundo] *PORQUE A MI ME HA SIDO ENTREGADA(...)"* (Lucas 4:6). ¿Quién se la entregó a Satanás? Dios no fue. Adán lo hizo.

Gobernadores De Las Tinieblas

El ángel le dijo a Daniel: "Desde el primer día fueron oídas tus palabras" (Dn. 10:12). Y Dios nos oye desde el primer día que oramos, pero a veces debemos estar firmes antes que llegue la respuesta.

No es Dios quien retiene la respuesta a nuestras oraciones, El envía la respuesta en el minuto en que oramos. Pero hay fuerzas en los cielos que se esfuerzan por interceptar esas respuestas.

Tratamos de pelear, luchar y afrontar situaciones que vemos; cuando en realidad, hay un poder invisible detrás de la situación. Cuando entendamos eso, seremos exitosos en nuestra oración.

Primera de Juan 5:19 declara: *"(...)el mundo entero está bajo el maligno"*. La traducción *Amplificada* dice: "(...) y todo el mundo [que nos rodea] está bajo el poder del maligno".

Si todo el mundo esta bajo el maligno y en tinieblas, entonces el diablo está gobernando el mundo entero. Satanás gobierna a todo el que no es salvo. ¡Y él gobierna!

Sin embargo, el diablo no nos gobierna a nosotros, porque la Biblia dice que aunque estamos *en* el mundo, no somos *del* mundo (Juan 17:16). Los creyentes son hijos de la luz, no de las tinieblas.

El Espíritu Santo es un caballero. Él no tomará más terreno que el que usted le rinda. Él no lo dominará. Él no lo forzará.

En cambio, los demonios utilizan la fuerza. Leemos en la Biblia acerca de ellos empujando o forzando a la gente.

Aquí hay algo de lo que necesitamos ser muy cuidadosos: *Todo aquel que quiera empujar, forzar y dominar gente está motivado por el espíritu del diablo. Vemos esto en los círculos religiosos.*

Colosenses 1:12,13 nos muestra que hemos sido liberados de las tinieblas.

COLOSENSES 1:12
12 Con gozo dando gracias al Padre que nos hizo aptos para participar de la herencia de los santos en luz.

Noten esa expresión "¡en luz!".

Ahora, observen el versículo siguiente:

COLOSENSES 1:13
13 el cual nos ha librado de la potestad de las tinieblas . . . .

La Biblia Amplificada dice: "[El Padre] nos ha liberado y nos ha atraído a sí mismo fuera del control y dominio de las tinieblas y nos movilizó al reino del Hijo de Su amor".

Usted ve, el Padre nos ha sacado de bajo el control de la oscuridad y de los gobernadores de las tinieblas – el diablo, los demonios, y los espíritus inmundos en el reino de Satanás. Efesios 6:12 nos señala el ámbito en que opera el reino de Satanás.

Dice: *"(...) sino contra principados, contra potestades, contra los gobernadores de las tinieblas de este siglo, CONTRA HUESTES ESPIRITUALES DE MALDAD en las regiones celestes".*

Una nota marginal en mi *Biblia King James* dice: "espíritus malos en los lugares celestiales". En la Biblia se habla de tres cielos.

Los eruditos Bíblicos concuerdan en que el apóstol Pablo hablaba de sí mismo en Segunda a Corintios 12:2 cuando dijo: *"Conozco a un hombre en Cristo, que hace catorce años (si en el cuerpo, no lo sé; si fuera del cuerpo, no lo sé; Dios lo sabe) fue arrebatado hasta el tercer cielo"*.

El primero de los tres cielos, justo sobre nosotros, es lo que llamamos el cielo atmosférico. Más allá de ese, en el espacio, están las estrellas – los cielos estelares. Luego más allá de eso está el tercer cielo el Cielo de los cielos – donde se encuentra el trono de Dios.

En el cielo atmosférico, sobre nosotros, hay espíritus malignos – "en los lugares celestiales". Tenemos otra perspectiva de este hecho en el capítulo 28 de Ezequiel.

Los primeros diez versículos son una "palabra del Señor", un mensaje profético, dado por medio de Ezequiel al príncipe de Tiro, que se levantó en orgullo. Dios le dijo a través de Ezequiel: *"(...) siendo tú hombre(...)"* (Ez. 28:2). Por tanto, este príncipe de Tiro era un hombre. Los ángeles no son hombres. Los espíritus malos no son hombres.

En los versículos 11-19 del mismo capítulo, otra palabra profética es dada por medio de Ezequiel, pero ésta es dirigida al *rey* de Tiro, un ser que no podía ser el *príncipe* de Tiro, a quien Dios había identificado antes como un hombre. El rey de Tiro, por tanto, debe ser un ser, un poder espiritual, un poder de la oscuridad, detrás de este reino.

EZEQUIEL 28:11-15
11 Vino a mí palabra de Jehová, diciendo:
12 Hijo de hombre, levanta endechas sobre el rey de Tiro, y dile: Así ha dicho Jehová el Señor: Tú eras el sello de la perfección, lleno de sabiduría, y acabado de hermosura.
13 En Edén, en el huerto de Dios estuviste; de toda piedra preciosa era tu vestidura; ... los primores de tus tamboriles y flautas estuvieron preparados para ti en el día de tu creación.
14 Tú, querubín grande, protector, yo te puse en el santo monte de Dios, allí estuviste; en medio de las piedras de fuego te paseabas.
15 Perfecto eras en todos tus caminos desde el día que fuiste creado, hasta que se halló en ti maldad.

Dios estaba hablando acerca del diablo – Lucifer – cuando el dijo: *"En Edén, en el huerto de Dios estuviste(...)"*. El príncipe de Tiro, un hombre , no pudo haber estado allí. El aún no había nacido. No; este "rey de Tiro" no es un hombre; es un *ser* creado (vv. 13,15).

En estos dos seres – el príncipe de Tiro, un hombre; y el rey de Tiro, Lucifer mismo, un ser espiritual – la Biblia da la idea de un reino natural sobre la tierra dominado por un reino espiritual con el mismo nombre.

Todo en este mundo – todo hombre, todo ser – está dominado, gobernado, o influenciado por espíritus en el mundo invisible. Aun nosotros como Cristianos somos influidos y guiados por el Espíritu de Dios. Romanos 8:14 dice: *"Porque todos los que son guiados por el Espíritu de Dios, estos son hijos de Dios"*.

Si la gente pudiese entender alguna vez acerca de este otro mundo – este mundo espiritual – que existe y comprendiera que es el mundo en el cual Dios vive – un mundo que no tiene comienzo ni fin – la fe llegaría a ser algo fácil; algo natural.

La razón para que podamos confiar en las cosas hechas antes que se materialicen, es que ya se hicieron en el reino espiritual. Si usted creyera que ya están hechas en este reino, entonces ellas se manifestarán.

Esa es la razón por la que Jesús dijo: *"(...) todo lo que pidiereis orando, creed que lo recibiréis, y os vendrá"* (Marcos 11:24).

Ahora deseo que noten algo que quizá no notaron antes. Volvamos a Efesios 6:

EFESIOS 6:10-18
10 Por lo demás, hermanos míos, fortaleceos en el Señor, y en el poder de su fuerza.
11 Vestíos de toda la armadura de Dios, para que podáis estar firmes contra las asechanzas del diablo.

12 Porque no tenemos lucha contra sangre y
carne, sino contra principados, contra potestades,
contra los gobernadores de las tinieblas de este
siglo, contra huestes espirituales de maldad en las
regiones celestes.
13 Por tanto, tomad toda la armadura de Dios,
para que podáis resistir en el día malo, y habiendo
acabado todo, estar firmes.
14 Estad, pues, firmes, ceñidos vuestros lomos con
la verdad, y vestidos con la coraza de justicia,
15 y calzados los pies con el apresto del evangelio
de la paz.
16 Sobre todo, tomad el escudo de la fe, con que
podáis apagar todos los dardos de fuego del
maligno.
17 Y tomad el yelmo de la salvación, y la espada
del Espíritu, que es la palabra de Dios;
18 ORANDO en todo tiempo con toda oración y
súplica en el Espíritu, y velando en ello con toda
perseverancia y súplica por todos los santos.

Usualmente detenemos la lectura con el versículo 17. Al hacerlo así, hemos sacado estos versículos del contexto. Hay más verdad ahí que la que hemos visto.

¡El objeto de vestirnos con toda la armadura de Dios es poder entrar en la vida de oración!

¡Ponernos la armadura de Dios y *no* entrar en oración, es prácticamente inútil!

Los Cristianos que entran en oración, nunca deben olvidar este hecho: *¡En el Nombre de Jesús* *tenemos autoridad contra todos los poderes de las tinieblas!*

En estos muchos años desde que realmente aprendí a orar, nunca he orado una simple oración relacionada conmigo o con mis necesidades personales, sin que obtenga la respuesta casi inmediatamente.

¿Por qué? Porque sé cómo orar. Sé lo que me pertenece. Sé cómo tomar autoridad sobre el diablo. Sé cómo hablarle y decirle: "¡Detenga sus maniobras ahora mismo!".

La Biblia nos llama ciudadanos del Cielo. Sé cómo exigir *mis* derechos; sin embargo, no siempre puedo exigir los derechos de otra persona en su lugar. Como ciudadano Americano, puedo ejercer mi derecho al voto, pero no puedo ejercer su derecho al voto. Usted tiene que hacer eso por sí mismo.

Muchas veces las personas corren de un lado para otro tratando de encontrar alguien que ore por ellos. No siempre obra. Eso es porque no tienen la autoridad.

Aquí es donde entra la oración. Tenemos que orar por personas que no conocen sus derechos. Pueden ser honrados, sinceros, salvos por años, y hasta llenos del Espíritu, pero las cosas espirituales les permanecen ocultas.

Cuando oramos por otros, puede que tengamos que tomar más tiempo para perseverar en oración, porque pueden estar rendidos a los espíritus del mal. Algunas veces los Cristianos se rinden a espíritus malos y les permiten que los dominen.

Al orar por mis propios parientes, he tenido que tomar tiempo para perseverar en oración, parándome firmemente en la Palabra de Dios. Usualmente he orado por mis parientes privadamente, secretamente; a ellos nunca les he dicho nada.

(Esa es nuestra dificultad: Procuramos tratar con el individuo cuando deberíamos estar tratando con la potestad detrás del problema).

Simplemente digo: "¡Rompo el poder del diablo sobre fulano y fulano!".

Efesios 6:18 habla de hacer súplica por "todos los santos" (Ustedes ven: Ellos no siempre saben cómo orar por sí mismos).

Abogar El Caso De Otro

Estoy convencido que tenemos autoridad y poder en la oración que aún nunca hemos usado. Algunos de nosotros nos hemos acercado al borde de ello.

En 1947, mi superintendente de la escuela dominical, un bombero en un campo petrolero, cayó desde lo alto de la casa de bombas a la máquina. El reporte que me llegó fue que él había muerto.

Cuando llegué a la escena, él yacía sobre la tierra, cerca a la casa de bombas. Una ambulancia estaba estacionada cerca. La gente estaba alrededor. Me arrodillé al lado del Dr. Garrett.

Él me susurró: "Al principio pensé que estaba muerto. Todavía no lo está, pero morirá pronto y no lo podemos mover. Si lo hacemos lo mataremos".

Luego el médico dijo: "Reverendo Hagin, lleve a su esposa a un lado y prepárela para esto".

La tomé por un brazo y la conduje a un lado – sin embargo, no para prepararla, sino para orar con ella.

A medida que nos apartábamos de la multitud, ella me dijo: "Hermano Hagin, el Dr. Garrett no cree que Papi viva, ¿no es así?".

Le contesté: "Así es, hermana. No lo cree".

Ella contestó: "¿No es maravilloso que usted y yo tengamos información interior? (¡Quería decir información dentro, de la Biblia!).

Yo le dije: "Sí; gracias a Dios la tenemos. Oraremos y vivirá".

Bueno, él continuaba vivo, envuelto en frazadas, recostado en el suelo. El Dr. Garrett permanecía a su lado. Por último se decidió a arriesgarse a trasladarlo al hospital. Creo que debe haber sentido que lo estábamos sosteniendo allí, pues me dijo: "Estoy seguro que no lograremos llegar a Tyler con él vivo, pero lo pondremos en la ambulancia y lo intentaremos. Reverendo Hagin, suba y vaya con él".

Para acortar una larga historia, sobrevivió al viaje. Tres médicos lo estaban esperando.

Fui al hospital y me quedé con él por la noche. Su esposa permaneció con él día y noche.

La tercera noche, a eso de las 8 p.m., uno de los médicos me dijo: "Reverendo Hagin, seré franco con usted. Esta es la tercera noche y él aún está en shock. No sabemos siquiera el alcance de las lesiones. No podemos llevarlo a rayos X para averiguarlo. Si lo movemos, lo mataremos. Hemos hecho hasta ahora todo cuanto sabemos hacer. Se está yendo rápido ahora, y precisamente no hay nada que podamos hacer".

Al regresar a la habitación vi que la esposa del hombre estaba cada vez más cansada (El espíritu está dispuesto, pero la carne es débil. Cuando aumenta físicamente el cansancio, es difícil para su espíritu, su hombre interior, seguir en el dominio, especialmente cuando usted mira directamente a la situación). Vi que su fe se estaba debilitando. Supe que tenía que sacarla de allá, que él moriría si ella se quedaba.

(¡La razón por la que muchas personas han muerto es que sus parientes han permanecido con ellas! Y he hallado por qué Jesús a veces sacó de la habitación a las personas cuando iba a sanar al enfermo).

No le mentí a ella, pero no le conté lo que el médico me había comunicado. Le dije: "Ahora, vaya a descansar. La llamaré si hay algún cambio aquí. Pero él estará bien".

Tuve que hacer algo de lucha espiritual esa noche. Eso es, tuve que tomar una posición firme y confiada en las promesas de la Palabra de Dios. Mientras estuve despierto y alerta, mi superintendente de la escuela dominical estaba bien. Pero esta era la tercera noche que me había quedado y cuando cabeceaba en la silla, él comenzaba a morir.

La enfermera especial de turno me despertó cuando caminó alrededor de la cama para examinarlo bajo la tienda de oxígeno. Al principio, cuando lo miré, pensé: *"¡Está muerto!; ¡Me quedé dormido y permití al hombre morir precisamente entre mis manos!"*.

Agitadamente pregunté a la enfermera: "¿Está muerto?".

Me contestó: "No; pensé que estaba. Pero no vivirá hasta que salga de turno a las 7 a.m.". En ese momento eran las 2 a.m.

Salí al corredor, y oré. Muy calladamente intercedí por él. Abogué su caso; mire usted, Dios dice:

ISAIAS 43:25,26
25 Yo, yo soy el que borro tus rebeliones por amor de mí mismo, y no me acordaré de tus pecados.
26 Hazme recordar, entremos en juicio juntamente; habla tú para justificarte.

"Hazme recordar". Dios nos ordena que le recordemos lo que ha dicho. Esto está hablando acerca de oración. "Habla tú". Una nota marginal en la *Versión King James* lo traduce: "Expón tu causa". En otras palabras, el propio Dios nos invita: "Defiende tu caso".

Así simplemente dije en un susurro a las 2 a.m. en el corredor del hospital: "¡Señor, simplemente no voy a dejarle morir!". Y alegué mi caso en frente de Él.

"Número uno", dije: "Es mi superintendente de la Escuela Dominical. Quizá no sea el mejor en el mundo, pero es el mejor que jamás haya tenido. Me ayuda. Visita a los ausentes. Trabaja en eso durante toda la semana. Y ayuda en muchas otras formas".

"Segundo, entrega 30% de sus ingresos a la iglesia".

"Tercero, él es una influencia a favor de Dios y a favor del bien. He hablado con hombres de negocios de la ciudad. Creen en él; lo respetan".

"Lo necesito. Soy el pastor subalterno, y Tú eres el Gran Pastor de la Iglesia. Lo que yo necesito, Tú lo necesitas".

"Cuarto, la Biblia muy claramente nos dice que la muerte es un enemigo. No es de Dios. En realidad es del diablo. Cuando el diablo sea finalmente eliminado, la muerte será también eliminada del contacto humano. ¡Así simplemente reprendo a la muerte y le ordeno que lo deje! ¡No lo voy a dejar morir!".

Regresé a su habitación, me senté y otra vez volví a cabecear. Él comenzó a morirse. Me incorporé y seguí de nuevo en ello, defendiendo su causa. De hecho, lo hice en cuatro oportunidades; la cuarta vez a las 4 a.m.

A las 8 a.m. el médico entró; quitó la tienda de oxígeno y comenzó a auscultarle el pecho. Después de un momento se volvió hacia mí y exclamó: "¡Salió de eso! ¡Salió de eso! ¡Sabe, él podría lograrlo ahora! ¡Traiga la camilla! Lo llevaré a rayos X".

Cuando le regresaron de los rayos X, el mismo médico me dijo: "Tiene 50% de posibilidades".

Yo estaba solo parado allí, pero por dentro brincaba al pensar: "*¡Cincuenta por ciento de posibilidades! ¿De qué habla usted, doctor?, ¡Él tiene 100% de posibilidades de lograrlo!*". ¡Y, en efecto, lo hizo!

Ahora bien, nunca le dije ni una palabra a mi esposa ni a nadie más sobre la forma como había orado por este hombre. Pero en la primera oportunidad, que estaba de regreso en la iglesia, testificó.

Primero agradeció a todos por sus oraciones. Luego dijo: "Nunca sientan pesar por alguien que muere. La última cosa que recuerdo es que caía. Ni siquiera recuerdo haberme golpeado con las máquinas".

"La siguiente cosa consciente que supe fue cuando desperté en el hospital. Y después de despertarme, nunca tuve ningún dolor o molestia".

"Pero mientras estaba inconsciente, debo haber muerto. Fui al cielo. Oí un coro de ángeles. Ustedes jamás han oído un canto igual en sus vidas".

"Vi a Jesús. Él vino hacia mí. Y estaba listo para postrarme ante Él y expresarle cuanto le amaba cuando Él me dijo: 'Tienes que regresar'.

"Le Respondí: 'No quiero regresar'".

Jesús dijo: 'Tendrás que volver a la tierra'.

"Yo le Respondí: 'No quiero regresar a la tierra'".

"La tercera vez Jesús contestó: 'Tendrás que hacerlo. *El Hermano Hagin no quiere dejarte venir'* ".

"Entonces Jesús se volvió, y como cuando ustedes echan hacia atrás una cortina de encaje de una ventana, Él retiró una cortina y oí al Hermano Hagin decir: '¡Señor, no lo voy a dejar morir!' ".

"Jesús me dijo: 'Mira, él no quiere dejarte venir' ".

"La siguiente cosa que supe fue, cuando me desperté en el hospital", concluyó mi superintendente de escuela dominical.

Yo no le había dicho que había orado de esa manera. ¿Cómo lo supo? El Señor le permitió escucharme, y le dijo que, ¡esa era la razón por la que no podía quedarse en el Cielo!

Eso me hizo comenzar a pensar, que desde mucho antes en 1947, que tenemos autoridad para defender nuestra causa la cual nunca hemos usado.

A veces creo que sí hemos tomado nuestro lugar, sin darnos cuenta, de nuestro pacto en el nombre de Jesús y que hemos intercedido; sin examinar la Biblia sobre el tema, hemos pensado: *Esa fue una gran experiencia que el Señor me ayudó a tener. Jamás podría tener otra como esa.* Y esa clase de pensamiento nos ha derrotado.

Tres años después, cuando mi suegro agonizaba en el hospital, me puse a pensar en la experiencia que tuve con el superintendente de la escuela dominical.

Mientras estaba de pie al lado de su lecho – él estaba inconsciente – dije: "Señor, creo que solo reprenderé a la muerte y le ordenaré que lo deje. Creo que le ordenaré vivir en el nombre de Jesús".

Dios dijo en Isaías 43:26: "(...) entremos en juicio juntamente(...)". Dentro de mí, el Señor me habló por el Espíritu muy claramente: "No; no lo hagas. No debes hacerlo".

¡Eso significaba que tenía la autoridad para hacerlo!

Él dijo: "Déjalo solo y déjalo morir". Y el Señor abogó su caso: "Primero, tiene setenta años. Todo lo que les he prometido a ustedes es 70 u 80 años" (Eso es un mínimo. Usted puede ir más lejos. Si tiene más fe, entonces, pida más. Pero no se conforme con nada menos).

Él dijo: "Segundo, está listo para irse. Espiritualmente, económicamente, está listo en todos los aspectos. No siempre ha estado listo. Sus finanzas están en orden; todo su negocio en orden. Nunca tendrá un mejor tiempo para morir que ahora. Así que déjalo solo y déjalo morir".

Contesté: "Muy bien, Señor, lo haré bajo una condición y sólo una condición. Sácalo de esta muerte; permítele revivir y dejar un buen testimonio de manera que todos sepan a dónde fue. Luego, lo dejaré ir".

No habían salido esas palabras de mi boca cuando él abrió sus ojos:

"Kenneth" me dijo, "me estoy muriendo".

Respondí: "Lo sé, Sr. Rooker".

Él Contestó: "Ahora bien; entre más pronto mejor".

Le Dije: "Sé eso".

Él me respondió: "Vas a traer esos niños hasta aquí y me dejarás verlos antes que me vaya, ¿verdad?".

Le Contesté: "Sí, señor. Lo haré".

Nuestros hijos eran sus únicos nietos. Telefoneé a nuestro pastor en Garland, Texas, y le pedí que trajera los niños al hospital en Sherman. Entre tanto, hablé con la Madre Superiora de ese hospital Católico y le pedí que me permitiera entrar con los niños.

Ella me dijo: "No preste atención a ninguna regla. Ese hombre debería haber muerto hace dos días. No podemos entender cómo está vivo. Haga entrar a todos los que quiera – simplemente es un milagro que haya revivido".

De esta manera su familia, incluyendo sus nietecitos, se reunieron alrededor de su lecho. Y usted habría podido pensar que él iba a salir de vacaciones al otro día. Nunca derramó una lágrima. Las enfermeras enderezaron la cabecera de su cama y se sentó allí riendo y hablando.

Al día siguiente recayó en estado de coma y comenzó a morir. Permanecí a los pies de la cama, mientras la muerte fijaba sus lazos finales sobre él.

De pronto abrió sus ojos desorbitadamente. Me vio y me dijo: "Dios mío, Kenneth, me estoy muriendo!".

Respondí: "Lo sé, Sr. Rooker, pero usted no tiene miedo de ir".

Contestó: "No; no tengo miedo".

Le dije: "Recuéstese sobre la almohada y déjese ir".

Se recostó, sonrió, se relajó, y una luz relampagueó sobre su rostro cuando expiró. ¡Alabado sea Dios! (Usted debe tener fe para vivir – pero también debe tener fe para morir).

Es posible interceder y lograr repuestas, algunas veces, las cuales no siempre son las más sabias o las mejores.

Necesitamos utilizar la sabiduría – porque tenemos autoridad. He aprendido eso de la experiencia. Lo sé de la Palabra.

De acuerdo con la Palabra, muchas veces lo que decimos, Él lo hará – porque hemos recibido la autoridad aquí abajo.

Me satisface el hecho de que si andamos en la luz de la Palabra de Dios y oramos, podemos cambiar las vidas de nuestros seres amados y las situaciones a nuestro alrededor.

Hemos visto en la vida de Daniel, que prevaleció en oración afirmándose en la Palabra de Dios, que el curso de una nación puede ser cambiado por medio de la oración. También hemos visto ejemplos de cómo podemos prevalecer en oración al emplear la Palabra de Dios para defender el caso de otro.

No toda necesidad puede ser solucionada al ofrecer una corta oración, una sola vez. Algunas veces es necesario perseverar en oración al tomar una posición firme en la Palabra de Dios, rehusando volverse atrás hasta que venga la respuesta.

Capítulo 24
Orando por su nación

Exhorto ante todo, a que se hagan rogativas, oraciones, peticiones y acciones de gracias, por todos los hombres; por los reyes y por todos los que están en eminencia, para que vivamos quieta y reposadamente en toda piedad y honestidad. Porque esto es bueno y agradable delante de Dios nuestro Salvador, el cual quiere que todos los hombres sean salvos y vengan al conocimiento de la verdad.

– Timoteo 2:1-4

Después del servicio final de nuestro campamento del año 79, algunos de los conferencistas y otros subieron a la habitación de hotel de Kenneth Hagin Jr., para comer emparedados.

Mientras estábamos hablando de las cosas de Dios, el Espíritu de Dios continuó moviéndose sobre mí (En realidad, sólo tres veces en toda mi vida el Espíritu se ha movido sobre mí en tal medida).

Dije a los demás: "Oremos. El Espíritu del Señor continúa moviéndose sobre mí".

Oramos. Por el Espíritu, ministré a cada uno de los presentes. Luego fui tomado en el espíritu de oración. A falta de un término mejor, estaba "perdido en el espíritu". No estaba inconsciente – sino que estaba más consciente de las cosas espirituales. Las cosas espirituales eran más reales que las naturales.

Me senté con los ojos cerrados, orando en lenguas, durante lo que se comprobó ser varias horas (Era justo después de media noche cuando empezamos a orar. Cuando todo terminó, y abrí los ojos, eran pasadas las 4 a.m. Pero parecía como si sólo hubiesen sido 10 o 15 minutos).

El Señor me habló. Entre otras cosas me dio las instrucciones respecto a la Escuela de Oración y Sanidad que ahora estamos dando todos los días de trabajo en la sede Centro de Entrenamiento Bíblico RHEMA.

Y vi algo. Observé tres cosas que surgían del Océano Atlántico. Parecían como tres ranas negras, gigantes, tan grandes como ballenas. Una estaba ya en el aire. Las otras dos apenas habían sacado sus cabezas del agua, desde el oriente.

Había visto algo parecido nueve años antes.

Jesús me dijo: "Viste lo mismo en 1970. Te revelé, entonces, exactamente lo que eran, pero no hiciste lo que debiste haber hecho al respecto. Te dije en 1970 que oraras por los líderes de la nación. Lo que sucedió [Watergate y demás] no es la culpa del hombre que en ese entonces era el Presidente. Voy a hacer responsables a los Cristianos de esta nación. Ustedes son quienes permitieron lo que le sucedió a su patria. Si hubieran orado, eso jamás habría acontecido. Te mostré lo que estaba próximo a suceder. Regresa y compruébalo(...)".

(Más tarde volví y verifiqué lo que el Señor me había dicho en 1970 basado en grabaciones y manuscritos de una reunión especial que tuvimos en octubre de 1970).

Jesús me dijo: "Allá, en 1970, viste tres objetos oscuros semejantes salir del Atlántico y saltar como ranas a lo largo de la tierra. Si tú y los Cristianos hubiesen hecho lo que debieron haber hecho, ninguna de esas cosas le habría sucedido a la nación. No habrían tenido esos desórdenes. No habrían tenido los disturbios políticos. El Presidente no habría cometido los errores que hizo. De hecho, hago a la Iglesia responsable por sus errores".

Comencé a llorar y a clamar: "¡Oh, Dios!".

"Sí" dijo: "Te hago responsable a ti y a la Iglesia".

Luego agregó: "Cuando le digas eso a algunos de los Cristianos, se reirán. Pero cuando estén de pie, ante mi estrado de juicio y reciban la condenación, en lugar del hombre que entonces era el Presidente, no reirán".

"Si los Cristianos hubieran hecho lo que les ordené hacer en la Biblia – si hubiesen orado por los dirigentes de su nación – habrían impedido la obra de los espíritus malignos".

Después continuó: "Cosas semejantes – no las mismas cosas – sino cosas semejantes están próximas a suceder de nuevo. Si ustedes no oran, ellas sucederán. No voy a hacer que el Presidente sea el responsable por la nación; voy a hacer responsables a los Cristianos de la nación".

Ahora bien, permítanme explicar algo - ustedes tienen que saber cómo interpretar estas cosas. Vi a aquellas tres criaturas salir del Océano Atlántico. Pero eso no significa que ellas se levantan del océano. Desde Génesis hasta Apocalipsis "mares" y "aguas" se refieren a multitudes de personas. De las multitudes de personas, estas cosas se levantarán. Los pecadores están dominados por el diablo; se hallan en su reino.

Jesús dijo: "Allí se levantarán, a menos que los Cristianos oren, no con el mismo propósito por el cual los otros motines vinieron – pero habrá motines, tumultos, y disturbios a través de toda la nación".

"Segundo, algo está a punto de ocurrirle al Presidente que no le debería suceder – y no tendrá lugar si ustedes oran".

"Tercero, algo está próximo a acontecer de nuevo que traerá problemas adicionales al escenario económico, a la estructura financiera".

"Pero ustedes pueden detener las tres cosas. Ustedes pueden detener el trastorno en la estructura social. Ustedes pueden parar la perturbación y la actividad del diablo en la escena política. Ustedes pueden impedir que el diablo desbarate la escena financiera de su nación".

"Ustedes pueden cambiar las tres cosas mediante la oración intercesora. Ese es uno de los propósitos principales de las clases que vas a iniciar en el otoño".

Lo Primero, Primero

Dios nos dio instrucciones específicas para poner lo primero, primero.

"Si, pero"; me han dicho personas; "le diré, mientras los Demócratas estén adentro, nada va a salir bien". Otros afirman; "Mientras los Republicanos estén adentro...".

Si lo primero para usted es la mentalidad partidaria, nunca significará mucho como Cristiano. Los Cristianos deben poner primero lo primero.

La Palabra dice: *"Exhorto ante todo (...)"* (1 Ti. 2:1).

¡Ante todo!Antes que ore por sus hijos, antes que ore por mí, antes que ore por usted, *"(...)Ante todo, a que se hagan rogativas, oraciones, peticiones y acciones de gracias, por todos los hombres; por los reyes y por todos los que están en eminencia(...)"* (1 Ti. 2:1-2).

Así que desearíamos saber quiénes son *"todos los hombres"; pues dice: "por los reyes y por todos los que están en eminencia(...)"* (v. 2).

Ante todo, tenemos que orar por nuestros líderes – por todos aquellos que están en autoridad en el gobierno nacional, estatal o provincial, y hacia abajo hasta los gobiernos de las ciudades.

¿Por qué? Continúen leyendo...

"(...) para que vivamos quieta y reposadamente en toda piedad y honestidad(...)" (v. 2). Para que "nosotros" como Cristianos podamos llevar una vida reposada y tranquila. Dios está interesado en nosotros.

Todos aquellos gobernantes y líderes por quienes Pablo los instituyó a orar, no eran nacidos de nuevo.

¿Bendecirá Dios a los líderes aunque no sean salvos?

¡Ciertamente!El Espíritu de Dios no nos dirigiría a orar por algo que no podamos tener. Eso sería estúpido.

¿Por qué los bendecirá? Por un lado El está interesado en nosotros.

"Porque esto es bueno y agradable delante de Dios nuestro Salvador" (1 Ti. 2:3). Es bueno y agradable ante los ojos Dios nuestro Salvador que oremos primero que todo por todos los que están en autoridad. Es bueno y agradable a los ojos de Dios nuestro Salvador que llevemos una vida quieta y tranquila.

"Él cual quiere que todos los hombres sean salvos y vengan al conocimiento de] la verdad" (v. 4). Cuando hay guerra – cuando hay trastornos, cuando hay disturbios – es difícil extender el Evangelio. Pero cuando hay paz – cuando hay tranquilidad – entonces somos libres para ir y propagar el Evangelio.

No es extraño que el diablo quiera atacar a los Estados Unidos, por ejemplo. Usted puede ir alrededor del mundo y encontrará que 90% de toda la obra misionera se hace desde los EE.UU. Si el diablo pudiera paralizarnos, podría parar el flujo de las bendiciones de Dios.

¡Pero, alabado sea el Señor, él no puede hacerlo!

¿Cómo se nos dice que oremos por aquellos que están en autoridad?

"(...) rogativas, oraciones, peticiones y acciones de gracias(...)" (1 Ti. 2:1).

Tenemos ejemplos en la Escritura de aquellos quienes exitosamente oraron por ciudades y naciones.

Un ejemplo Bíblico como tal es Abraham quien oró por dos ciudades – Sodoma y Gomorra. Lea ese relato en Génesis capítulo 18.

El Señor dijo: *"(...) ¿Encubriré yo a Abraham lo que voy a hacer?"* (v. 17).

Él no destruiría esas malvadas ciudades sin comunicarlo a Su amigo del pacto de sangre.

Abraham estaba apoyándose en sus derechos del pacto de sangre, cuando respondió al Señor: *"(...)¿Destruirás también al justo con el impío?; Quizá haya cincuenta justos dentro de la ciudad: ¿destruirás también y no perdonarás al lugar por amor a los cincuenta justos que estén dentro de él? Lejos de ti el hacer tal, que hagas morir al justo con el impío, y que sea el justo tratado como el impío; nunca tal hagas. El Juez de toda la tierra, ¿no ha de hacer lo que es justo?"* (vv. 23-25).

El Señor le dijo: *"Si hallare en Sodoma cincuenta justos dentro de la ciudad, perdonaré a todo ese lugar por AMOR A ELLOS "* (v. 26).

Recordemos lo que dice Primera a Timoteo 2:2: *"(...)para que vivamos quieta y reposadamente(...)"*.

Dios dijo que perdonaría a toda la ciudad por amor a los 50 justos.

Abraham continuó bajando el número hasta que le dijo al Señor: *"(...) quizás se hallarán allí diez(...)"* (Gn. 18:32).

Y el Señor dijo: *"(...) No la destruiré(...) por amor a los diez"* (v. 32).

Consideren los terribles pecados que había en Sodoma – a pesar de todo, Dios dijo que perdonaría el lugar entero por amor a diez.

Sabe usted, este viejo mundo ya habría sido destruído si no fuese por nosotros, los Cristianos. Jesús dijo: *"Vosotros sois la sal de la tierra(...)"* (Mt. 5:13).

Soy lo suficientemente viejo para recordar antes que tuviéramos refrigeradores eléctricos. Mi abuelo mataba cerdos y ponía sal en la carne para preservarla.

Este mundo es bastante malo – pero si no fuera por nosotros los Cristianos, ciertamente estaría podrido.

Dios le dijo a Abraham que perdonaría las ciudades por el amor hacia diez justos. Hay más de diez personas justas en América hoy.

Algunos dicen: "Nos vamos a arruinar".

¡No; no nos vamos!

No escuchen tal forma de hablar.

Creo que en América hay personas hoy que, como Abraham, tomarán su sitio en la oración.

Abraham no se sentó por todas partes y habló sobre cuán malvados eran ellos y cómo se iban a ir al infierno. *¡Él intercedió a su favor!*

Si ocupamos nuestros puestos, podremos cambiar las cosas.

¡Tenemos un mejor pacto basado en mejores promesas!

Estaba en la casa de un ministro del Evangelio cuyo hijo de cuatro años se comportó tan mal que me hizo avergonzar y aun hizo avergonzar a mi hijo, quien también tenía 4 años. Ken me comentó en el momento en que nos subimos al carro: "Ese niñito es terrible, ¿no es cierto?".

Le hablaba horrorosamente a su padre. Cuando su padre lo tomó en sus brazos mimándolo un poco para calmarlo, el niño le abofeteó sus mejillas y le dijo: "Viejo mentiroso. Todo lo que estás diciendo, no es cierto. Tu eres un mentiroso".

Este pastor – Evangelio Completo, lleno del Espíritu – me dijo: "Bien, usted sabe, la Biblia dice que en los últimos tiempos, los hijos desobedecerán a los padres".

"Sí" le dije: "las Escrituras también dicen que el amor de muchos se enfriará, pero eso no quiere decir que mi amor se deba enfriar. Ni tampoco significa que mis hijos van a ser desobedientes a sus padres".

Usted puede sentarse en cualquier parte y decir: "Bueno, la Biblia afirma que hombres malos y perversos serán peores y peores, engañando y siendo engañados. Todo esto se va hundiendo. El amor de muchos se enfriará", y si usted permanece en ese lado, usted se enfriará. El diablo se apoderará de usted y de todos sus hijos.

Pero, usted no tiene que pensar de esa manera.

Despierten y dense cuenta quiénes son en Cristo. ¡Las puertas del infierno no prevalecerán contra la Iglesia! Jesús es la Cabeza de la Iglesia – no Satanás. Jesús es mayor que el diablo. De hecho, ya lo ha derrotado. Él se levantó victorioso sobre él – y Su victoria es mi victoria.

Piensen de acuerdo con la Palabra de Dios y dense cuenta que sin importar la situación, podemos hacer algo al respecto.

EZEQUIEL 22:30,31
30 Y busqué entre ellos hombre que hiciese vallado y que se pusiese en la brecha delante de mí, a favor de la tierra, para que yo no la destruyese; y no lo hallé.
31 Por tanto, derramé sobre ellos mi ira; con el ardor de mi ira los consumí; hice volver el camino de ellos sobre su propia cabeza . . . .

Este es Dios hablando. Abraham intercedió por dos ciudades. Aquí Dios está hablando de toda una nación. Si El hubiera podido encontrar a UN hombre que se hubiese puesto en la brecha, que hubiera intercedido en favor de la nación, el juicio no habría venido.

"Bueno" alguien me podría preguntar; "si Dios en realidad quería perdonar la tierra, ¿por qué simplemente no obró y lo hizo de todos modos? ¿No es Dios, Él? Si esa es Su voluntad, ¿Por qué El no obra y lo hace?".

Regresen a Primera a Timoteo 2:4. Allí dice que Dios quiere que todos los hombres vengan al conocimiento de la verdad.

¿Por qué no simplemente El sigue adelante y los hace nacer a todos de nuevo? Si puede hacer cualquier cosa que quiere hacer, ¿Por qué no lo hace? ¿Por qué El espera que alguien interceda?

Discutimos esto en detalle en el Capítulo Uno: "¿Por qué orar?".

Satanás se convirtió en el dios de este mundo hasta que el arrendamiento de Adán caduque. El no es mi dios – no soy de este mundo. Sin embargo, él es responsable por las guerras entre naciones, los asesinatos, la violencia que es hecha en el mundo.

Dios no quebrantará Su propia Palabra. Le entregó la posesión a Adán. Adán se la dio al diablo.

Está venciéndose. Pero hasta ese momento, Dios sólo puede intervenir a medida que los Cristianos busquen Su rostro y le pidan que se mueva.

La autoridad de Satanás sobre asuntos en la tierra solamente puede ser vencida en la medida en que los Cristianos oren en favor de su país. Dios está anhelando que hoy alguien haga vallado y se ponga en la brecha delante de El en favor de la tierra.

La oración puede ser ofrecida en su propia lengua. También puede ser ofrecida en otras lenguas, a medida que el Espíritu Santo le ayuda. Pida al Espíritu Santo que lo ayude y *continúe* orando.

Aquí es donde algunas personas fallan. No oyen todo lo que usted enseña, captan un pedacito y se alejan corriendo con él. Hay algunas cosas por las que usted puede hacer la oración de fe – y usted hace una oración, y ese es el fin del asunto. No tiene que orar más; sólo agradece a Dios por la respuesta. Usted puede hacer eso por salvación, por el bautismo del Espíritu Santo, por sanidad – por cualquier cosa que Dios prometió ahora mismo. Pero hay otras cosas por las que usted no puede hacer la oración de fe. Una de ellas es este asunto de orar por nuestra nación. Usted debe *continuar* orando por los líderes de su nación.

Capítulo 25
Excesos

En la Biblia, particularmente en los tiempos del Antiguo Testamento, las personas eran apartadas o consagradas para un oficio sagrado, mediante la unción con aceite. El aceite era un tipo del Espíritu Santo. El Espíritu Santo venía sobre hombres y mujeres, para ungirlos a fin de establecerlos en un oficio particular. En el Nuevo Testamento, Dios todavía está ungiendo a Su pueblo. No todos en el Cuerpo de Cristo son llamados y ungidos por Dios para uno de los dones del ministerio quíntuple. Pero cada Cristiano es llamado y ungido de Dios para reinar y gobernar como rey y sacerdote en esta vida.

APOCALIPSIS 1:6
6 y [Dios] **nos hizo reyes y sacerdotes para Dios, su Padre; a él sea gloria e imperio por los siglos de los siglos. Amén.**

APOCALIPSIS 5:10
10 Y [Jesús] **nos has hecho para nuestro Dios reyes y sacerdotes, y reinaremos sobre la tierra.**

Cuando usted piensa en sacerdotes, inmediatamente piensa acerca de un mediador. El sacerdote es un “intermediario“; uno que ora a Dios en favor del pueblo, y allí es donde entramos en escena hoy. Debemos entrar en la Presencia de Dios por quienes están impedidos para ir a Dios, o aquellos que no saben que pueden ir a Dios por sí mismos.

Debemos recordar que el diablo tiene éxito en la ignorancia. Ignorantes de la Palabra de Dios, algunos Cristianos caen en el error del orgullo espiritual, pensando: *“Somos una clase especial de personas. Tenemos un ministerio especial, y un llamado especial; nadie es como nosotros”*. Eso es exactamente lo que quiere el diablo. Eso es en lo que él pecó. Lucifer se levantó en orgullo. En vez de elevarnos por eso, necesitamos tomar la actitud: “Gracias Dios, somos todos ungidos para ser sacerdotes; ¡vamos tras ello!”.

1 PEDRO 2:5,9
5 vosotros también, como piedras vivas, sed edificados como casa espiritual y sacerdocio santo [¡somos todos nosotros; todo el Cuerpo de Cristo!], para ofrecer sacrificios espirituales aceptables a Dios por medio de Jesucristo . . . .
9 Mas vosotros sois linaje escogido, real sacerdocio, nación santa, pueblo adquirido por Dios, para que anunciéis las virtudes de aquel que os llamó de las tinieblas a su luz admirable.

Vean ustedes cuán lejos la gente puede desviarse en algunos de estos temas. En realidad, la oración no es un llamado especial – cada uno en el Cuerpo de Cristo debe orar porque Dios nos ha ungido a cada uno de nosotros para ser sacerdotes ante nuestro Dios. Todo el Cuerpo de Cristo ha sido llamado de las tinieblas a la luz y es parte de este sacerdocio real, no sólo unos pocos escogidos. Algunos han respondido más rápidamente al Espíritu Santo y han entrado en ello más que otros, pero la oración le pertenece a todo Cristiano nacido de nuevo.

Debido a que las personas piensan que tienen un llamado especial, creen que deben actuar. Así que procuran hacer algo en la carne en lugar de esperar en la unción. La gente cae en error, cuando las cosas espirituales se toman fuera de su contexto. Algunos van por todas partes y dicen que ejercen en el "oficio del intercesor". Dicen que este "oficio" los pone en el mismo nivel que el ministro o el pastor ¡así que eso les da el derecho de decirle al pastor qué debe hacer! En primer lugar, no hay tal cosa como "oficio" de intercesor. Encontramos los oficios quíntuples o dones ministeriales que Dios estableció en la iglesia, mencionados en Efesios 4:11,12:

EFESIOS 4:11,12
11 Y él mismo constituyó a unos, apóstoles; a otros, profetas; a otros, evangelistas; a otros, pastores y maestros,

12 a fin de perfeccionar a los santos para la obra del ministerio, para la edificación del cuerpo de Cristo.

Con facilidad podemos ver que la oración no se menciona aquí en Efesios. Eso es porque la oración no es un don ministerial. Necesitamos mantener las cosas espirituales en su lugar correcto, y no sacarlas de lugar. También, necesitamos aclarar lo que queremos dar a entender cuando decimos que la oración es un ministerio. Si estamos usando la palabra "ministerio" en un sentido general, eso es una cosa. Hablando generalmente, todo lo que usted hace para Dios es un ministerio. En ese caso, la oración puede ser considerada como un ministerio, tal como todo lo que hacemos para Dios es un ministerio – un servicio – para Dios. Pero si estamos hablando específicamente, usando la palabra "ministerio" como uno de los dones del ministerio quíntuple dados a la Iglesia, entonces, no; la oración no es un ministerio. Orar no es un don ministerial.

1 CORINTIOS 12:28
28 Y a unos puso Dios en la iglesia, primeramente apóstoles, luego profetas, lo tercero maestros, luego los que hacen milagros, después los que sanan, los que AYUDAN, los que administran, los que tienen don de lenguas.

Si estamos usando "ministerio" en un sentido general, entonces la oración tendría que venir bajo el ministerio de ayudas. Los santos no son perfeccionados por medio de la oración. Sí; podemos orar por las personas, ayudarlas y bendecirlas, pero eso no las perfecciona. Efesios 4:11-12 dice que los oficios de apóstol, profeta, evangelista, pastor y maestro son para el perfeccionamiento de los santos. Si se requiriera la oración para perfeccionar a los santos, la Biblia habría mencionado la oración o el orar como un don ministerial. No, la oración ayuda a la gente.

En segundo lugar, el ministerio de ayudas no está en el mismo nivel que los dones del ministerio quíntuple. El ministerio de ayudas incluye todo lo que auxilia o asiste a aquellos en el ministerio quíntuple para funcionar como deberían.

Intercesión Con Gemidos

ROMANOS 8:26
26 Y de igual manera el Espíritu nos ayuda en nuestra debilidad; pues qué hemos de pedir como conviene, no lo sabemos, pero el Espíritu mismo intercede por nosotros con gemidos indecibles.

Otro exceso que se ha levantado en la oración es el punto de los gemidos. Muchas veces las personas tratan de efectuar las cosas espirituales en lo natural y en la carne. Dios unge a su pueblo para que lleve a cabo su voluntad y sus propósitos, pero cuando la gente se deja dominar por la carne, entran en problemas. Una cosa es gemir bajo la unción del Espíritu Santo, pero por otra parte, usted puede gemir todo lo que quiera en la carne, mas sin la unción, usted no va a producir nada. Cuando el Espíritu Santo lo mueva a orar con "gemidos indecibles", ¡habrá resultados! El problema es que la gente está tratando de remedar e imitar al Espíritu Santo, y caen en el error.

Preguntas Y Respuestas

Algunos han preguntado: "¿Es posible gemir en el Espíritu, como un acto de la voluntad?". No hay ningún pasaje Bíblico en cuanto a gemir como un acto de la voluntad. La Biblia dice: "(...) el Espíritu mismo intercede por nosotros con gemidos" (Ro.8:26). Algunas veces, las personas simplemente gimen en lo natural porque están cargados, y no es de ninguna manera el Espíritu Santo. Pero es otra cosa cuando el Espíritu toma el control. He hallado que alabar y adorar a Dios muchas veces conduce a este reino donde el Espíritu de Dios comienza a asumir o a tomar para sí la tarea junto con su espíritu en gemidos. Pero usted simplemente no lo puede hacer por sí mismo – ese es el punto que estoy tratando de resaltarles.

Algunas personas preguntan: ¿Puede una persona tener dolores de parto como un acto de la voluntad?

Pablo dijo en Gálatas 4:19: "Hijitos míos, por quienes vuelvo a sufrir dolores de parto, hasta que Cristo sea formado en vosotros". Pablo usa el mismo término como el de una mujer con dolores de parto para dar a luz un niño. ¿Puede una mujer tener dolores de parto para dar a luz como un acto de su voluntad? ¡No! Si no hay ningún bebé por nacer, ella podría tratar de tener dolores de parto, pero nada vendría de eso. El Espíritu de Dios nos trae a dolores de parto, porque Él sabe que hay algo allí para hacer nacer. Por ejemplo, algunas personas son salvas porque oyen la Palabra de Dios y la creen. Pero hay otros que nunca serán salvos, a menos que alguien entre en dolores de parto por ellos. No sabemos quiénes son; solamente el Espíritu de Dios lo sabe.

¿Puede usted tener dolores de parto para dar a luz en cualquier momento que usted quiera? Bueno, ¿podría una mujer dar a luz un bebé en cualquier tiempo que ella desee? No; debe estar embarazada primero. ¿Pueden desatarse dolores de parto sobre las personas mediante la imposición de manos? No, eso es imponer manos vacías sobre cabezas vacías. ¿Es el gemir más efectivo que el orar en lenguas? Ciertamente no. Mucho de lo que hacemos, si no somos cuidadosos, ¡es en la carne! Y algunas veces es una mezcla de la carne y el Espíritu.

Por supuesto usted puede avivarse a orar en cualquier momento. Y hay veces en que la oración requiere un esfuerzo extenuante. Yo me he avivado para buscar a Dios, y luego el Espíritu Santo asumió o tomó la tarea para sí conmigo. Y tenemos una base escritural para esto porque la Palabra de Dios dice: "(...) avives el fuego del don de Dios que está en ti(...)" (2 Timoteo 1:6).

Necesitamos recordar que requerimos de todas las clases de oración, y no tan sólo una clase. No me malinterprete; gracias a Dios por la intercesión. Pero la Biblia dice: "orando en todo tiempo con toda oración y súplica(...)" (Efesios 6:18), o como una traducción expresa: "(...) Orando con todas las clases de oración (...)". Así que necesitamos todas las clases de oración. Aprendamos a ser sensibles al Espíritu Santo, y a ver por cuál camino se está moviendo en el momento y qué dirección quiere tomar. Luego, ¡simplemente sígamoslo!

Capítulo 26
Reviviendo el arte

El arte de la oración, que incluye la intercesión y la súplica, virtualmente ha sido perdido en la Iglesia. Los primeros Pentecostales sabían algo al respecto. Los Pentecostales de la segunda generación supieron un poco al respecto. Y los Pentecostales de tercera generación no saben casi nada al respecto.

Pero para que Dios cumpla lo que desea realizar en los '90s el arte de la oración tendrá que ser revivido.

Al principio, cuando recibí el bautismo en el Espíritu Santo y me pasé a los pentecostales, acepté el pastorado de una iglesita del Evangelio Completo en la tierra negra de la región central del Norte de Texas. La mayor parte de la congregación eran agricultores.

En el otoño del año en que cosechaban algodón, suspendimos todos los servicios, con excepción del sábado en la noche, domingo en la mañana y domingo en la noche. Los domingos en la tarde traíamos algo para comer y nos reuníamos en la casa de alguien para comer juntos.

Este domingo particular nos congregamos en el hogar de mi futura esposa. Allí estaba una adorable dama. Había oído de ella pero nunca la había saludado. Todos la llamaban Madre Howard. Se referían a ella como "una madre en Israel".

Comió. Pero tan pronto como terminamos de comer, y estábamos charlando, pidió que le dieran un cuarto donde pudiera retirarse a solas. Se arrodilló sobre el mismísimo suelo (Sabía que a veces ponía un periódico en el piso y descansaba la cabeza en él mientras oraba toda la tarde del domingo, sin moverse).

Era viuda. Tenía su propia casa en una comunidad vecina. Un pastor a quien conocí vivía al lado de su casa con su esposa e hijo.

El me contó: "Ella hace de la oración una ocupación. Se levanta a las 4 a.m. Cada mañana ora de 4 a 8. Luego, cocina algo para comer. Después de eso invierte otras dos horas orando. Toma un almuerzo ligero, luego pasa a nuestro lado de la casa y nos visita por un rato. A eso de las 2 o 3 de la tarde regresa a la oración. A veces ora hasta la medianoche. Si la carga está allí, ora toda la noche".

Había nacido de nuevo hacia muchos años en Dallas. Luego ella y su familia se habían trasladado a un pueblo donde no había iglesia del Evangelio Completo. De hecho, no había iglesia del Evangelio Completo en ninguna ciudad o pueblo de los alrededores.

Uno por uno, pueblo por pueblo, ciudad por ciudad ella los tomó y oró hasta que una iglesia era construída allí. Luego tomaba el pueblo siguiente, y oraba hasta que otra iglesia era construida allí.

La Madre Howard, esa ancianita, esa hermosa santa de Dios, oró por una iglesia en cada pueblo, en cada aldea, en cada rincón del Norte de Texas.

He pensado en cómo podrá ser cuando todos lleguemos al cielo y las recompensas sean entregadas. Los pastores que edificaron las iglesias estarán listos para salir al frente y recibir su recompensa, ¡pero Jesús va a llamar a la Madre Howard allí!

¡El suyo fue el trabajo que logró hacer la obra! Nadie la vio. Difícilmente supieron que ella existía. Pero no gastó ociosamente su tiempo visitando y charlando las tardes de los domingos. Estaba en su labor. Literalmente dio su vida por los demás.

Eso es lo que hizo Jesús. Y Él está llamando a aquellos que se entreguen a sí mismos hoy a la oración.

La Oración del pecador
para recibir a Jesús como Salvador

Amado Padre Celestial,
vengo a ti en el Nombre de Jesús.
Tu Palabra dice: "*...y al que a mí viene, no lo echo fuera*" (Juan 6:37).
Así que yo sé que no me echarás fuera,
sino que me recibes, y te agradezco por ello.

Tu dijiste en Tu Palabra: "*...que si confesares con tu boca que Jesús es El Señor, y creyeres en tu corazón que Dios le levantó de los muertos, SERAS SALVO...*
Porque todo aquel que invocare el nombre del Señor, será salvo" (Ro. 10:9,13).
Creo en mi corazón que Jesucristo es el Hijo de Dios.
Creo que Él fue levantado de la muerte para mi justificación.
Estoy invocando Su Nombre — el Nombre de Jesús — así que sé, Padre, que me salvas ahora mismo.

Tu Palabra dice: "*..con el corazón se cree para justicia, pero con la boca se confiesa para salvación*" (Ro. 10:10).
¡Sí creo con mi corazón y confieso a Jesús ahora como mi Señor. Por lo tanto soy salvo!
¡Gracias, Padre!

Firmado ____

Fecha ____

Sobre el Autor

El ministerio de Kenneth E. Hagin ha abarcado mas de 60 años desde que Dios le sanó milagrosamente de un corazón deformado y de una enfermedad incurable en la sangre a la edad de 17 años. Hoy en día el alcance de los ministerios de Kenneth Hagin es mundial. El programa de radio, "Faith Seminar of the Air" (Seminario de Fe al Aire), es oído de costa a costa en los Estados Unidos y alcanza más de 100 naciones. Otros alcances incluyen: *The Word of Faith* (La Palabra de Fe), una revista mensual gratuita en inglés; Seminarios del Espíritu Santo llevados a cabo a través de todos los Estados Unidos; RHEMA Correspondence Bible School (Escuela Bíblica por Correspondencia RHEMA); RHEMA Bible Training Center (Centro de Entrenamiento Bíblico RHEMA), RHEMA Alumni Association (Asociación de Ex-alumnos de RHEMA), RHEMA Ministerial Association International (Asociación Ministerial Internacional RHEMA); y un ministerio de prisiones.